JINTIAN WOYI GONGSI WEIRONG MINGTIAN GONGSI YIWO WEIRONG

假如你热爱工作
那你的工作就会快乐

韩中华 李枫林◎著

今天我以公司为荣
明天公司以我为荣

荣誉，是镶嵌于心灵的宝石，是摆置于事业中的花环，
犹如一块沃土，结出硕果，播下新种，孕育成功。

中国言实出版社

图书在版编目(CIP)数据

今天我以公司为荣　明天公司以我为荣/韩中华,李枫林著.
— 北京:中国言实出版社,2013.3
　ISBN 978-7-5171-0090-4

　　Ⅰ.①今… Ⅱ.①韩…②李… Ⅲ.①企业—职工—
修养—通俗读物 Ⅳ.①F272.92—49

中国版本图书馆 CIP 数据核字(2013)第 036648 号

责任编辑:李　生　孙法平

出版发行	中国言实出版社
地　　址	北京市朝阳区北苑路 180 号加利大厦 5 号楼 105 室
邮　　编	100101
电　　话	64966714(发行部)　51147960(邮　购)
	64924853(总编室)　64963106(二编部)
网　　址	www.zgyscbs.cn
E-mail	zgyscbs@263.net
经　　销	新华书店
印　　刷	北京市德美印刷厂
版　　次	2013 年 4 月第 1 版　2013 年 4 月第 1 次印刷
规　　格	710 毫米×1000 毫米　1/16　13.5 印张
字　　数	185 千字
定　　价	32.00 元　　ISBN 978-7-5171-0090-4

步入职场后，我们应该如何去看待个人发展与公司发展之间的关系？这个问题无论是对于职场新手，还是资深职场人，都是一个需要时刻去思考和探寻答案的问题。在不同的职场发展阶段，我们必然会有不同的经历和感悟，因而也会有不同的答案。从"我以公司为荣"到"公司以我为荣"，这其实是每一个职场人理想中的发展历程。从个人依托公司成长，到个人与公司的共荣，当今身处职场的每个人都在经历着这个过程，唯一不同的就是：有的人刚刚起步，有的人已经走了很远。

可以这样说，如今的职场已经成为高难度、高技术、高竞争、高专业化的代名词。作为职场人，每个人许多时候要面临各种各样的难题。既要考虑去满足自身发展的需求，又要达到为企业创造价值的目的；既要让不同目的不同领域的客户满意，又要为公司和个人赢得口碑。如今的职场人，需要有心理学家的缜密，谈判高手的应变，策划大师的运筹……对于每一个在职场中打拼的人来说，有时候一个细节的处理稍有闪失就可能让辛苦经营的职场梦想化为泡影。要想让自己的职场之路走得更加顺畅，我们必须将工作中的每一个问题处理到最精、最细、最实、最密；没有最好，只有更好，身处职场，我们还要时刻注意努力提升自己的专业技能以及行业知识，从而在越来越激烈的职场竞争中，打造出属于自己的核心竞争力。

相信每一位职场人的心中，都有一个"公司以我为荣"的梦想，而要实现这个梦想，我们必须在面对任何难题的时候，都能够做到快速识别，快速反应，快速解决。然而就是这三个简单的"快速"，却值得每一位职场人用毕生的努力去学习，去追求。真正理解职场的朋友都明白：职场奋斗其实是一门艺术，一门追逐梦想和价值的艺术。职场发展之路上的每一步、每一次成功、每一分收获，都是浸透辛勤汗水的闪闪发光的艺术品，只有

1

真正拥有它的人才能体会到它的美丽和它所带来的快乐。从"我以公司为荣"到"公司以我为荣",只有付出努力和汗水的人才有资格去实现。

　　本书着眼于职场人的整个发展历程,通过论述职场成长的心路历程,以及许多职场人发展的典型案例,去把大多数人职场发展的轨迹做一个勾勒,让更多身处职场的人更全面地认识职场以及职场中的自己,更透彻地了解职场人与企业之间互为依存又共同发展的关系。从企业文化,到团队精神,到身为职场新手时期个人风格的建立,以及升为职场高手之后个人品牌的经营,本书都能让你在阅读的过程中得到收获。

目 录
Contents

第一章　在公司文化下成长，菜鸟有了成为凤凰的梦想

当一个年轻人靠着自己的智慧和才华，冲破层层竞争的阻碍，如愿以偿地成为自己心仪企业的一员时，那种兴奋的感觉真的无以言表。或许这个时候我们每个人的心中都会有无数的憧憬和遐想，究竟这个企业会给自己带来什么？它的企业文化会不会帮助我们实现更多的规划与梦想？尽管一切的一切还都是未知数，但当我们站在一个众人苛求的起点上开始一段新的职场之旅时，内心便开始对自己的未来有了一定的想法。没错，我们一定要在这个公司做出点名堂，要在它的文化下不断历练成长，尽管这时候我们还是菜鸟，却已经有了成为凤凰的梦想。

第二章　在氛围中反复历练，荣耀感在团队的烈焰中升温

职场是一个大熔炉，每个人进入职场之后，都需要经历各种艰难险阻的洗礼，才能真正成为一名成熟的职场人。也正是在进入职场之后，我们才会懂得什么是团队精神，以及当今这个社会团队精神的重要性。当我们面临在学校时从未面临的工作任务的局面时，也许你会退缩，也许你会迷茫，但是我们必须学会去适应职场的残酷，学会去跟自己的团队一起面对艰巨的任务。在这个过程中我们会逐渐成熟起来，也会逐渐了解职场，从而真正在职场之中达到得心应手的境界。

1

第三章 领受企业传授的经验,在理智中解决问题

初入职场时,曾经有职场前辈告诫过我:工作中不要追求所谓公平,也不要以为只有自己受了委屈,唯一需要牢记的一条就是:搞定眼前的工作,完成任务之后再说话。职场从来不认可情绪,更不会在你没有取得任何成就的时候就认可你的尊严,只有你在一次次的失败中总结经验,在无数次的委屈中学会冷静面对,在与团队的配合中学会步步为营去解决问题的时候,你才有资格在职场中讲公平和尊严。不要害怕失败,更不要害怕犯错,每一个职场人都需要去经历这个过程,才能练就一身谋大局成大事的本领。失败是成功之母,在职场中,你会更加深刻地体会到这句话的哲理所在。

第四章 心怀感激,公司永远是自己的职场恩师

在职场中,除了提高我们的综合素质和能力,还有更重要的一项任务,那就是学会心怀感激。感激的本质意味着尊重。感恩既体现了对自己的尊重,也体现了对团队中其他人的尊重。身在职场,有尊重就会有敬畏,因为尊重本身也是一种敬畏的表现。而敬畏是产生职场秩序最有效的基本条件,因为敬畏使这个职场秩序有了内在约束,从而使秩序有了现实意义。无论是企业的运作,还是一个团队的合作,都需要有它的秩序,我们在这个秩序之中成长,成熟,逐渐成为一名合格的职场人。所以,我们需要心怀感激,去建立和遵从这种职场的秩序。心怀感激,不仅是个人在职场中发展的正确态度,也是维持职场秩序和发扬团队精神的正确态度。

第五章　模仿别人越像,这个世界就越没有自己

　　中国的 IT 界风云人物李开复说过一句话:我的成功可以复制。如果你把这句话理解为可以模仿他的成功历程,那么你就错了,无论是在生活中还是在职场中,没有任何一个人可以模仿别人的成功。你所能做的,只能是去模仿成功人士取得成功的奋斗方式,以及自律精神。道理很简单,踩着别人的脚步走,你永远都只能是跟在别人身后。职场中更要明白这个道理。如果你希望像某个人一样成功,那么你唯一可以模仿的,就是他奋斗的态度,除此之外,没有其他任何有价值的模仿之处。如果不明白这个道理,你可能会在盲目的模仿中最终迷失自我,离成功越来越远。只有你真正体会到了"模仿"与"吸收"之间的差异,你才能看到职场成功之路的方向。

第六章　后起新秀，逐步成为业内的闪亮明星

　　古语云"铁打的营盘流水的兵"，企业同样也是如此。一个伟大公司的存在和发展离不开一批又一批优秀员工的努力。有着卓越远见的企业，从来不吝于培养新的人才，因为它知道那才是企业的生命力所在。正是那些员工中不断诞生的闪亮新星，引领着一个企业一次又一次突破自己的极限。因为生命和时间的限制，一个人的辉煌是极其有限的，但是那些伟大的企业，却能够持续上百年的辉煌，它们辉煌的持续正来自于企业中不断诞生的新星，而成为企业中的后起之秀，正是我们成为企业新星的第一步。

第七章　公司的骄傲，是因为他花时间培养了一个你

　　当你在一个企业中真正成长起来，凭借自己对企业发展的独到眼光和超凡能力取得一定的企业地位的时候，你的职场人生将进入一个崭新的阶段。你不仅是众人眼中可以拯救企业于水火的超级员工，更是企业中可以独当一面统领全局的核心人物。这个时候，不仅员工会心甘情愿地追随你，企业也同样会心甘情愿地培养你，你会发现企业老板对你的态度已经发生了微妙的变化，你已经不仅仅是他的企业的人才，而且已经成为这个企业发展的依靠和希望所在。这个时候你必然会有新的领悟和收获，无论是对于职场还是人生，你会站在更高的角度去思考问题。而且更重要的一点是：你对于企业的影响已经深深地扎根在这个企业的文化之中了。

第八章　不论去留,公司永远都因培养了你而自豪

　　职场生涯的最高境界是什么?那些在企业乃至行业中走在最前端的职场人或经理人,他们对于企业乃至整个行业的意义是什么?在于他们所创造的价值。这里所说的价值不是简单以金钱或是企业行业的规模来衡量的,而是以他们对"职场"这两个字的诠释来衡量的。他们的勤奋、对工作的严谨态度,以及对职业梦想孜孜不倦的追求,都已经成为一面精神旗帜,树立在无数职场人的心中,激励和指引着大家向着更高的职场境界去努力。拥有这种精神的职场人,已经不仅仅是某一个企业的财富,他们是整个行业的财富,他们所在的企业会以他们为荣,离去之后企业依然会以他们为傲,因为他们所创造的价值是永存的。

第一章
在公司文化下成长，菜鸟有了成为凤凰的梦想

　　当一个年轻人靠着自己的智慧和才华，冲破层层竞争的阻碍，如愿以偿地成为自己心仪企业的一员时，那种兴奋的感觉真的无以言表。或许这个时候我们每个人的心中都会有无数的憧憬和遐想，究竟这个企业会给自己带来什么？它的企业文化会不会帮助我们实现更多的规划与梦想？尽管一切的一切还都是未知数，但当我们站在一个众人苛求的起点上开始一段新的职场之旅时，内心便开始对自己的未来有了一定的想法。没错，我们一定要在这个公司做出点名堂，要在它的文化下不断历练成长，尽管这时候我们还是菜鸟，却已经有了成为凤凰的梦想。

1.

一个好的企业文化,塑造一个人的职业精神

　　一个人受人仰慕的主要原因在于他灵魂深处的一股信念,同样,对于一个企业来说,真正支持其发展的,除了正确的经济引导,还要有一种众多同行难以效仿的企业文化。这种文化可以感染每一个员工的职业思想,最终凝聚成为他们对自己工作的一种职业态度和精神。对于员工而言,一个好的企业文化绝对可以让自己受用终身,是它重塑了自己的品性,告诉自己怎样活着眼前的世界才会更精彩。

　　一个成功的企业,必然有着属于自己的独特魅力,这样的魅力可以吸引众人的目光,也必然会成为不少渴望入职人员的向往。在这个世界上,很多著名的企业之所以能够长期屹立于世界企业之林,其原因不仅仅是在于他们的产品有多么优秀,市场的渠道有多么健全,品牌在整业内有多么知名,更是因为这些企业具有其他企业所不具备的东西,这个东西就是优秀的企业文化,以及一流的职业精神。

　　事实上,伟大的职业精神是企业奋发图强的动力和源泉,也是员工最为欣赏的精神动力。它可以动用企业上下员工的职业信念,力求把一些社会公众认为平凡的事情做成一项伟大的事业,使得整个企业体系中的经营团队可以彼此团结,推陈出新,将这种统一的理想不断地延续下去。而在这种理想的整个运作中,企业的员工开始慢慢在职业的锻炼中果敢起来,他们的知识储备越来越充盈,他们的思想和处事行为越来越适应企业文化的需要,而与此同时,每一个企业员工都在这种文化的孕育中变得越来越精干,发展空间自然也就越来越宽广。

对于一个初涉职场的新员工来说，首先要经历的就是适应新企业的自我调整，我们必须熟悉身边的同事，了解自己所在的企业。事实上这是一种对企业核心文化了解和学习的过程。这种学习将帮助我们尽可能地顺应企业的主流职业文化精神，更好地在这里开展工作，更为顺利地处理职场中的重要问题和关系。

事实上，不管是什么企业都是非常期待一流的员工出现的，因为他们非常明白，优秀的员工团队才是企业的最核心竞争力。好的员工永远是企业手里的决胜财富。人们常说，人与人之间想要有默契就必然是志同道合之人，而企业也是如此。一个与企业有共同价值观的员工必然会在企业中发挥决定性的作用，也必将因此而成为企业最为重视的人才。

因此，要想成为一名一流员工，首先要做的是不断地从企业文化中吸取养分，不断地进行自我调整和学习，积极参与到企业的各项培训和活动中去，不断地思考，不断地提问，不断地适应。事实上，对于企业而言，最为欣赏的一流员工都是那些凡事负责，不找任何借口的人，他们做每一件事的动力都是发自自己的内心。他们凡事都用最高的标准严格要求自己，对工作积极主动，即便是一件最为简单的事情也一定要在众人中成为做得最出色的那一个。

徐强是一名技校毕业的大专生，尽管在学历上并不出众，却凭着自己一股永不服输的倔劲，一举赢得"全国杰出青年岗位能手"的光荣称号，创造了迄今为止国内大型齿轮加工的最高精度。这项成果令德国专家大为震惊，钦佩地说："徐强的技术真的令人惊讶！"

2004年的一个加工项目让徐强成为了业内的一个传奇人物。那天客户要求生产一个大型齿轮，设计精度为五级。要知道这种齿轮的加工难度是相当大的，经过领导讨论后，这个艰巨的任务最终落到了徐强肩上。凭着自己多年的加工经验和高超的技能，徐强沉着应战顺利地完成了任务。最终检验证明，徐强加工的齿轮不但满足了客户的精度要求，还达到了四级的水平！要知道齿轮的加工精度共分为十二级，越是体积、重量大的齿轮，精度越是难以控制。一般来说，在实际操作中大型齿轮的加工精度最多也就能达到五级的标准，而徐强却在这个项目上创造了国内大型齿轮加工的最高精度！这不禁让世界上很多业内专家都大为惊叹。每每问及此事，徐强总是腼腆一笑，说是企业培养了自己。

作为国内鼓风机行业的领头企业，徐强所在的沈阳鼓风机厂，始终坚持着严谨的作风和不断超越、不断学习的企业经营文化。他们的产品因为质地精良而被广泛应用在石化、冶金、电力、煤炭、国防等多种领域。对此徐强自豪地称自己的企业为"关系国计民生的大型设备生产心脏"。在这家企业的企业文化熏陶下，徐强不断地钻研自己职业上的各种知识，力求能够不断地完善自己的工作，确保不辜负自己在这里的职业使命。经过学习和了解，他渐渐意识到，鼓风机中齿轮的精度直接影响着产品的质量。由于企业产品不仅覆盖国内市场，还远销国外的25个国家和地区，因此徐强非常明白自己肩上的担子是多么的重。他告诉自己：不管怎样，咱不能丢了手艺又丢人！既然干了这份工作就一定要在这里有所突破。

经过不断地实践，徐强积累了丰富的实战经验。人们常说"打铁还靠自身硬"，徐强最终在齿轮精度上有了很大的突破，他用过硬的技术本领为企业乃至国家赢得了荣誉。尽管如此，这个企业最为看重的员工却始终保持着严谨低调的作风，他不断地勉励自己"做工人就做一流的工人"！如今，经他打磨出来的齿轮成了精品的代名词。近两年来，徐强已经生产大小齿轮240个，相当于一般人六年的工作量。更令人惊叹的是，他的产品从来没有出现过任何质量上的差错，加工废品率为零！

对于一个企业而言，自己就好比是一条船，而企业内的员工是安置在船上的风帆！没有船，帆就没有存在的根基；但没有帆，船就没有前进的动力。一个好的企业文化，就好似一个优秀的舵手，它能指挥旗下的员工树立成为一流员工的信念，心怀统一的理想，秉持良好的职业精神，与企业一起向着目标扬帆远航，他们能够在帮助企业迅猛发展的同时，为自己赢得更为广阔的发展平台。而这恰恰就是他们来到这家企业第一个想到的职业目标。

因此，作为一名优秀的员工，我们首先要因自己是企业的一员而深感荣耀，不断地在企业文化的熏陶下树立良好的付出心态、学习心态、规划心态，同时还要对企业能够给予自己的一切机会心怀一颗感恩之心。事实上，我们从什么都不会到处理工作游刃有余，起决定作用的一件事就是企业为我们个人的成长倾注了相当大的心血，提供了很好的成长环境，并在我们个人的发展过程中不断地为我们创造展示舞台与发展机遇。我们必须意识到，在为企业工作的同时我们更是在为自己工作。在这个企业的大家庭中，我们收获了更多的知识，品尝到了全身心投入工作的快乐，同时也获得了相当不错的荣誉感和认同感，而这恰恰就是我们积极奋斗的人生动力，是我们未来铸就成功的一笔宝贵财富。

我们必须意识到一件非常重要的事，我们的整个职业发展轨迹，绝对与一个企业以及这个企业的文化培育有着相当重要的关系。就像人不能离开社会而生存一样，一个员工的成长也绝对离不开企业的培养与呵护。因此，不管什么时候，我们都应该以自己的企业为荣耀，感激他不仅仅是因为他给了你一份工作，更重要的是他给了你一个更高的平台，让你知道外面的世界很精彩。

2.

依靠着一种信仰去工作

假如我们一定要去回答关于人生的问题，就不得不从我们内心深处的信仰谈起。只要我们用心去看就会发现，世间的任何一件精品，都是出自一个用信仰去工作的巧匠之手。不管是什么事情，我们只有切实地依靠自己的信仰去做，最终才能结出最有成就的果实。

　　说到信仰，人们总是把它跟宗教联想到一起。比如某种宗教认为，神是有创造力的，他一直在工作，而人是神按照自己的形象创造的，所以人也具有创造力，让人们从事劳动是神的祝福；而当人堕落后，虽然还是从事同样的工作，但却会觉得工作没有满足感而不快乐，这是神的诅咒。

　　当然，我们中的很多人不是某种宗教的信徒，但我们完全可以把我们的工作本身当作一种信仰。如果我们把工作当作一种信仰去追求，就会知道，工作除了给予我们养家糊口所必需的条件、自我发展所以需的动力之外，还能够使整个社会受益匪浅，这种造福于社会的感觉，会让我们更进一步地增加工作的成就感，也使得我们更具有工作的积极性和主动性。

　　现代社会，职场竞争日益激烈，工作压力日趋增大，人们常常为事业和家庭无法兼顾而处于两难境地。有人开玩笑说，魔鬼不用专门来迷惑人，只要让人们忙得团团转就足够让人困惑了。如果无法正确地看待工作对人生的意义，处理不好工作与生活的关系，最糟糕的结果很可能是事业出问题，而家庭、婚姻也出现不好的状况。

　　我们应该时常静下心来思考：我们辛苦半辈子在追求什么？成功的意义是什么？人生的目标是什么？当我们把工作当作一种生命的信仰时，我们就会找到所要的答案。

　　人们在生存中寻找自我。如果我们用工作来满足生活的同时，充实自我，成就自我，把工作当作上天交给我们的使命，我们就会乐在其中，用自己的全部精力去工作。同时我们就会用积极的心态去对待任何工作，即使工作本身枯燥辛苦，当我们完成的时候，也会感受到生命的价值和成功的喜悦。

　　　　全国人大代表樊水玉是上药集团的营业员，也是上海市中药零售系统首位高级技师，她曾获得过首届"全国中药技能大奖赛"和"中华技能大奖赛"等职业技能大赛的冠军，在1998年通过国家执业药师的考核，2011年初被上药集团信谊大药房强华店聘为首席执业药师。

　　　　面对日新月异的市场变化和百姓对药品无法避免的需求，以及顾客对营业员的技术不断提出的新要求，樊水玉不断地学习新知识，积极参加各类培训来充实自己。樊水玉的同事跟她开玩笑说："小樊，你现在职称这么高，名气这么大，都是我们这一行的专家了，你吃老本也能混到退休，而且绰绰有余，何必再这么辛苦地学习呢？"但樊水玉认为，现在顾客的消费观念在变，营业员"站柜台"直接面对顾客，我们的观念也应该变。

现在人们不一定有病才进药房，进药店买保健品或寻求健康咨询的人很多，预防重于治疗的观念已在广大消费者中形成。没有时间看病或者看不起病的人也不少，很多人日常头疼脑热都习惯于自己去药房买药。这也对药店的营业员提出了更高的技术要求。

在日常工作中，樊水玉留心把自己学到的知识用于对客户的服务中，小病给顾客当医生，大病给顾客当参谋，把相关药品以及服用方法、注意事项、禁忌症都详细介绍给顾客，使他们既能得到及时治疗，也能增加药品知识。

现代人生活压力大，生活节奏快，很多人处于亚健康的状态。有些来药店的顾客对营养保健品的知识一知半解，有时花了钱效果却不理想或适得其反，樊水玉就会应用所学的医药知识，及时为他们提供专业的服务。

一次，一位病人乳癌做手术，术后不思饮食、恶心呕吐、盗汗、咽喉干灼疼痛、吞咽困难、白血球下降，身体十分虚弱，有人推荐病人的姐姐来买野山人参给病人补补元气。樊水玉听后关切地跟她说，她妹妹气血两亏、阴虚盗汗、津血耗伤、呕吐、咽喉干灼疼痛是由于放化疗的毒副反应较大导致，这种情况中医认为虚不受补，而用野山人参大补元气是不适宜这种病人的。然后樊水玉给病人的姐姐介绍了两种有提高免疫力、养阴生津作用的其他保健品，这些保健品补五脏虚劳、除盗汗，非常适合她妹妹目前的情况。该顾客高兴地接受了樊水玉的建议，之后还多次到樊水玉所在的药店购买其他保健品。

在药店的柜台服务中，樊水玉始终牢记"顾客是上帝，更是亲人"的服务理念，不断拓展自己的服务领域和延伸自己的服务内涵以满足客户的需要。从1998年开始，樊水玉先后创立了"小樊服务专柜"和"小樊咨询热线"，为客户提供"处方传真服务""小樊药膳保健咨询""季节转换多发病和常见病预防咨询"等服务项目，跨越了地域，让顾客充分感受"技能与真情完美统一"的服务方式。

樊水玉的名气越来越大，慕名而来找她寻医问药的人越来越多，她总是竭尽所能为顾客解决疑难问题。

有些在上海市中医医院住院的外地病人出院回家后，常常需要继续服用中药，有些病人通过别人介绍找到樊水玉，请她帮忙代配代邮中药，樊水玉会十分认真地按照他们的需求，保质保量把药物及时寄往外地，避免了顾客舟车劳顿的辛苦，节省了他们的费用，因此得到顾客由衷的感谢。

樊水玉对于人民代表的身份也十分重视，她在做好本职工作的同时，积极做好人民代表，认真倾听普通百姓的呼声和要求，然后向有关部门去呼吁、反映和寻求落实。有两个人群密集居住区，老年人多、老干部多，但没有医保定点药店。樊水玉根据居民的要求，在多方了解、调查后向上级部门反映了这个情况，后来这两个地区都设立了医保定点药店，极大满足了有医保的居民购药治病的需求。

虽然随着社会的进步，劳动被赋予了更广泛的含义，但很多像樊水玉一样的人，秉承着"辛苦我一人，方便千万家"的精神，为他人、为社会、为国家多做贡献的道德感、责任感和荣誉感始终没有改变。

古罗马哲学家曾经说过：没有卑微的工作，只有卑微的工作态度，而工作态度完全取决于我们的掌握。你可以开开心心、快快乐乐地去做自己的工作，也可以满不在乎、心不在焉或者愁眉苦脸地去做，但你的态度决定了你工作的结果。

有些人在工作中取得了一定的成就，就满足于自己所得到的一切。他们原本可以继续努力，做出更大的成就，成就更好的自己，为自己的家庭做出更多的贡献，也为社会提供更优质的服务，但他们觉得可以坐享其成了，不再勇于进取，不再付出更多的努力，最终就会变得庸碌无能，晚节不保。只有把工作当作自己的天职，当做自己终生的信仰，才能真正了解工作的意义、生命的意义。

人生有很多选择，我们可以选择最适合自己的工作，量力而行。我们只有把工作当作自己的生命信仰，才能更有神圣感和使命感地去完成工作，我们才不会感觉到自己的平庸和工作的艰辛，才会不甘落后地去拼搏，在工作中不断学习、进步，以达到成功的目的地，我们的人生也会变得更有意义。

即使最简单、最平凡的工作，只要我们坚信"只要我全身心地投入，我一定会比别人做得好"的信念，就一定会在工作中实现人生的辉煌。如果我们以一颗虔诚的心对待自己的工作，把工作当作生命的信仰，像热爱自己的生命一样热爱我们的工作，我们就能获得别人的尊敬，最终取得最大的成就。

3.

工作不仅仅是为了赢得一个机会

有人说工作是为了赢得一个机会，但我们从个人定位的角度来看，工作就仅仅局限于此吗？事实上，工作是人在社会中活动以及维系生存的一条必经之路。工作不仅仅是为了赢得一个机会，也不仅仅局限于作为一种谋生的手段，相比而言，它来自于我们心灵的方向，来自于我们从未逝去的梦想。

很多人都会想，如果不用工作就好了，但这时候我们不妨转念一想，难道我们工作的价值只在于谋生，只在于那一点薪水吗？当然不是，工作还承担着很多层面的东西，它的价值远远超出我们的想象。

工作不仅带给我们赖以为生的收入，给我们的也不仅仅只是一个机会，更多的时候，工作是我们人生中不可或缺的一部分，工作帮助我们成长，让我们有学习和锻炼自己的机会，也给予我们展示自己的最好平台，它带给每个人不同的感受和人生意义,这一切足以让我们去深深思考。

有一个社会心理学家常常问她身边的人一个问题:"如果你很有钱,你还会选择工作吗?"大多数人的回答跟她意料的一样:"如果我很有钱,我就不用再这么辛苦工作了。"然而当这种梦想变成了现实,当他们真的可以按照他们的想法去做的时候,却突然发现自己的心空了,自己似乎对于这个世界没有任何价值了,每天无休止地消耗着金钱,却没有任何自我存在感。

事实上,工作并不仅仅是一种生存的手段,工作还提供了我们对自己最为满意的存在意识。有句话说得好,人工作之后累得很疲倦的时候,才会去思慕躺在床上的轻松感。但是假如我们真的一直躺在床上,恐怕自己内心深处就会向往找个事儿做,不管这件事有没有工资,只要它是一份工作,用自己的行动为别人解决了一些小问题,心里也会觉得比躺在床上更有成就感。

大学刚毕业的时候,满脸稚气的王兰先后经历过无数次应聘,但结果都是无果而终。终于有一家公司的领导通知她面试,经过系统的测试之后,老总同意给她一个机会,但同时也提出了一个让她非常为难的问题:"你家在通州,你来亚运村上班,就算是坐地铁,你也还得再倒两次公交车,每天单单在车上的时间就得一个半到两个小时,可是公司八点半就要求上班了,你能保证不迟到吗?"王兰听了后立刻回答:"您放心,我一定保证每天都能准时到达!"

从那以后,王兰为了保证自己每天能按时起床,每天临睡前都会给自己定三个闹钟。当每天早晨五点,铃声大作的时候,王兰就会立刻起床,快速洗漱完毕,随后在五点半准时出门踏上上班的路程。因此,在整个工作的过程中她没有迟到过一回,反而几乎每天都是第一个到公司。

王兰的工作是在公司销售部做一名助理,最重要的工作项目就是做标书,把各种产品的技术参数、报价以及资质等都通通写上,经常是几十甚至上百页。一套标书,一个人往往需要做整整三个工作日。

一天，销售经理临时得知两个单位购买竞标的消息，一个在南宁，而另一个在长春，而这个重要消息还是通过多重关系打听到的。当得到这个消息时，他发现距离竞标的日子只剩下两天，却还要做两套标书，可部门中的销售人员都出去跑业务了，而另一个销售助理也在前几天因为家中有事回老家了。于是销售经理在返回的火车上打电话给王兰，一再问："王兰，你觉得两套标书两天做出来困难大不大？""困难肯定有，不过，我保证能准时交给你！"

在接到电话当晚，王兰没有回家，一个人留在单位里加班，直到第二天早晨的时候，她才趴在桌子上小睡了一会儿，然后继续坚持工作。她终于在熬了两天两夜之后，顺利地完成了两套标书，比当初销售经理所要求的时间，整整提前了大半天。早晨来上班的销售经理看着标书，特别兴奋，随口给她起了个外号："标王"。

就这样，王兰不到一年就晋升为销售主管，得到了加薪的机会，工作也更加稳定了。

要说八点半上班，在很多员工看来都是一件非常容易的事情，但对王兰来说却是一个很大的挑战。尽管她每天起早贪黑从来没有获得大家更多的认同和表扬，也没有奢求过领导的一句赞美，更谈不上换来提出加薪的机会，但是这个女孩儿最可贵的就是能够将这一切坚持了下来，在自己的职场道路上不断地付出，最终她得到了经理的赏识，在职场之路上登上了一个新的台阶。

很多人，由于自身条件所限，为了养家糊口，不得不坚持做着一份别无选择的工作，但也有另外一种情形出现。有一种说法："因为有选择，所以难以选择。"这种情形目前很常见，比如说，社会转型期很多人内心浮躁，总是难以安静下来专注于自己的工作，有些人总是觉得自己的能力在当下的岗位上是一种浪费，所以总是选择用一种被动等待机会的方式去苛求自己能有一个更好的发展。而遇到合适机会的人，在得到这一机会的时候，也会因为自满感不断膨胀，而最终将本应该属于自己的自信变成了一种自负。其实，对于一份工作而言，仅仅有机会是不够的，在成功面前我们每个人都应该保持一种谦卑的态度，越是机会多，工作态度上就越应该严谨，当这种严谨变成了一种习惯，我们的身价才会得到长久稳定的提高，我们才不会因为一时的成功而冲昏头脑，才会在不断超越中向自己的终极理想逐渐靠近。

事实上自己能够做出选择，并且忠于自己的选择的人是最幸福的，重要的是弄清楚自己到底想要什么。很多选择并没有绝对的对与错之分，差别也许就在于能不能够坚持。如果选择了什么就应该去珍惜，享受自己的选择，很多的路都是在坚持到最后时才走出来的。因此，我们每一个人都应该提前考虑一下，怎么规划好自己一生要走的路，怎样看待人生与工作的关系，搞清楚我们参与工作的意义。我们必须意识到尽管金钱很重要，但我们通过工作赢得的财富绝对不止这些。在工作中，我们不断地补充着自己的养分，不断地增长自己的阅历和经验，更好地进行了自我定位，参悟了正确的人生哲理，而这些都必将成为我们最为难得的宝贵财富。

在我们的一生中，或许有将近一半的时间是在工作中度过的，如果我们工作的意义仅仅是为了养家糊口，那么我们生命的存续将会失去很多乐趣。我们常常会因为工作是为了维系我们的生活这件事情而充满抱怨，而并没有切实地发现其中的乐趣。事实上，工作是上帝赐给人类的一份厚礼，他让我们知道自己对于这个世界的价值，知道还有很多人会因为我们的存在，在生活中拥有更多的便利和快乐。事实上，工作和生活之间永远存在着一种双向的需要，正如被称为铁血首相的德国政治家、外交家俾斯麦所说："工作是生活的第一要义，不工作，生命就会变得空虚，就会变得毫无意义，也不会有乐趣。没有人游手好闲却能感受到真正的快乐，对于刚刚跨入生活门槛的年轻人来说，我的建议只有三个词：工作，工作，工作！"

事实上，作为公司的一名员工，我们都深深地明白，一份工作得来是需要机遇的，而工作仍然是需要自己有智慧地去进行的。在整个职场工作中，我们必须用理智的头脑正确地应对机遇，因为我们知道赢得机遇仅仅是工作的一个方面，除此之外，我们还能得到以下更多的收获和回报。

首先，工作可以体现我们的自身价值。一份工作承载着我们内心深处太多的需求，它不但给予我们一笔定期的收入，还能在某种程度上证明了我们存在的价值。对于家人我们是一个可靠的经济支柱,对于公司我们是一笔宝贵的财富,而对于社会我们是最值得尊敬的奉献者。我们在这里不断地证明自己的工作实力,不断地结交更多的朋友、学习着更丰富的知识。

其次,工作会帮助我们更快地成长。工作是我们以及家人的生活保障,使我们更加明白人情世故和做人的道理,让我们知道赚钱是需要努力和智慧的,也让我们积累了阅历、意志、力量、思维方法、严谨作风和决断能力等其他财富。同时,通过在工作中处理各种关系和问题,我们塑造了自己的品格,个性得到自我完善、自我提高,而那些从来就不需要工作的人,很难感受到这种人生体验的意义。

最后也是最重要的一点,工作让我们获得快乐和存在感。即使我们从事着最卑微的工作,拿很少的工资,只要我们热爱本职工作,我们也会感到快乐。工作与快乐并不矛盾,而最理想的状态,就是工作不仅是一种我们擅长的谋生手段,同时能带给我们成就感和快乐。如果我们对工作感到得心应手,就会感受到工作的乐趣。我们选择了工作,但不要让工作来适应我们,而是要努力进取,让自己适应工作的需要。

4.

不同的公司精神,铸造员工不同的职业性格

公司的精神,指的是一家公司与自身员工之间所具有的共同职业态度、意志状况和思想境界,它是现代意识与企业个性相结合的一种群体意识,在美国称之为"企业哲学",在日本称之为"社风"。它包括坚定的奋斗目标、强烈的群体意识、正确的竞争原则、鲜明的社会责任、明确的价值观念和突出的经营目标等,它是一个公司的精神风貌和企业风气的总和。

它概括了一个公司的特点,与整个公司的经营体制和发展走向密不可分。受不同企业经营内容、经营方式的影响,不同的公司往往有着自己与众不同的精神所在,而这种精神从某种程度上也就决定了其体制内的员工在自身职业方面的性格。

美国著名职业教育专家霍兰德创立了人才测评理论,总结了人的职业性格问题。这个理论把不同职业特点和个性特征的人分为六类:现实型(R)、探索型(I)、艺术型(A)、社会型(S)、管理型(E)和常规型(C)。这六类人的典型特征各自不同,也分别对不同类别的职业感兴趣。同时,人们在择业时主要受兴趣、能力和人格三个因素的影响。不同的公司,在各自的经营发展中产生出各具特色的企业文化和公司精神,对身处其中的公司员工产生深远的影响,铸造出不同于其他企业的员工的职业性格。

另一位美国著名企业管理学家托马斯·彼得曾经这样描述企业精神:"一个伟大的组织能够长期生存下来,最主要的条件并非结构、形式和管理技能,而是我们称之为信念的那种精神力量以及信念对组织全体成员所具有的感召力。"

　　王鹏曾经在日本工作过三年,那三年对王鹏来说,实在是记忆深刻。当初在日本工作的时候,王鹏所在的公司等级森严,有着严格的绩效考核制度,精细到每一天都有非常严格的指标来考核每一个员工,而每个人都希望能够凭借自己的能力,解决自己工作中遇到的问题。如果实在有自己能力所不能解决的问题,可以向上一级领导请求帮助,但当你敲开领导的门去求助的时候,内心会产生相当强烈的羞耻感。而每一个上级领导,在接到下属员工的求助请求时,也都会无一例外地绷着脸,很严肃地对属下说:"行了,交给我吧。但我告诉你,我在你那个级别工作的时候,一向都是凭自己的能力办事,从来没有麻烦过我的领导。"

　　而在这样的企业里成长起来的日本企业的员工们,都具有非常严格且高标准的职业操守。每个人在公司工作的时间段内,都会自觉地关闭手机铃音,不再接听私人电话,而朋友家人也都会非常自觉地给予他们以支持,不是十分紧急的事情,绝对不会打电话骚扰他们，不去影响他们的日常工作，除非家里出了特别紧急或者十分重大的事情。所以，事实上，在日本企业里的八小时，员工是全心全意地投入到工作中的，同时，企业也因为员工的尽职尽责而大大提高了经济效益，也会最终给予员工以适当的奖励来回报员工的辛勤工作。

在企业中，一个员工会不会全情投入工作将会直接影响到企业的经济效益。对于一个员工而言，身在企业任职，第一求的是一笔稳定而丰厚的薪资，第二步才是最大限度地实现自我价值。日本的企业精神决定了在其旗下工作的员工的性格走向。因为受到了企业整体精神的影响，每一个公司员工都渐渐在自身职业性格上保持了绝对的统一，他们工作严谨，而且彼此配合默契，百分之百有效地利用分分秒秒的工作时间，为的就是更大限度地提升自我价值，同时获得一笔可观的收入。

根据木桶原理，桶中的水的多少，取决于最短的那块板子的长度，每个人都具有独一无二的性格特点，而他的缺点或弱点会制约了他的发展，所以应该更注意扬长避短。作为公司的一员，每一个员工都应该适应企业的需求，尽可能地修缮自己工作中的那块短板，尽可能地向自己的企业精神看齐，用这种整体的精神去影响自己对于这份职业的理解，完善属于自己的职业性格，只有这样才能更好地适应企业的需要，以最饱满的精神状态和最出色的工作能力在公司中不断成长，发挥作用，最终成为企业员工良性竞争中的佼佼者，成为领导眼中最值得栽培的人才。

事实上，当下的很多企业都提出了员工要适应企业精神指引的要求，这种指引不仅仅局限于企业对员工技能上的要求，还直接表明了企业对于员工职业性格以及职业思想的重视。作为员工，假如我们真的想在整个企业中最大限度地发挥作用，首先要做的就是采取必要的方式，以最快的速度适应企业文化精神的需要。而就员工个人而言，企业是一个大家庭，它既是给予我们稳定收入的经济来源，也是我们在这个社会上一试身手的舞台。假如我们一味地在自己的职业生涯中粗心大意，错误百出，且工作上优柔寡断，总是保持着一种拖沓的态度，那么对于企业而言，这样的职业性格必然会影响到它的发展，而这种影响必然是双重的，企业会因为员工的一味拖沓而精神不振，而且员工本身也会因为无法适应企业精神而最终面临除名和淘汰。

由于时代的不断进步，当下的企业已经越来越注重企业文化精神的塑造，其主要目的不在于过分地炫耀自身的发展，或者是做没有必要的表面文章，相反这种精神的塑造是有其更深层的意义的。一个国家的存在是因为有一种民族精神存续，而一个企业能不能得以长久的发展，其主要还在于其能不能将自身的精神影响深入到旗下每一位员工的职业性格和信仰中。当一种企业精神在大家的共同努力下凝聚成了一股强大的力量时，作为企业的一员，我们各个方面的素质也会逐步上升到新的高度，而这种高度在这个充满激烈竞争的社会，绝对是一笔极其宝贵的财富。

总而言之，作为公司的一分子，每位员工都应该充分意识到企业文化精神建设的重要性，并在这种精神的指引下不断地完善自身职业性格，不断地反思自己的不足之处，以求更好迎合公司需要实现最大限度的相互融合，更好地意识到公司精神对自己职业性格铸造的指导与帮助。只有这样，我们才能让自己更迎合企业对于人才的需求，将自己的职业生涯不断推向更为辉煌的明天。

5.

不管怎样，都要在希望中经营人生

俗话说"一分耕耘，一分收获"，但很多时候，辛勤耕耘未必能够有所收获，收获远远无法跟付出成正比。因此人们就会感到不满、沮丧、怨恨，甚至十分痛苦。我们经常为此感到困惑，为什么我的辛苦付出得不到应有的回报？我们都会对依靠卓越的职业表现而最终功成名就的人羡慕不已，但天上不会掉馅饼，想成为一个优秀的人，就必须付出艰苦的努力，在我们计算回报之前，还是先考虑如何付出吧。

　　我们生活在一个瞬息万变的时代，工作状态也不同于我们的父辈，无论我们是否接受或者是否喜欢，做什么工作、在哪儿工作、跟谁共事，都随时可能发生变化，以至于很多人在为不可知的未来和工作焦虑。

　　无论年龄、学历、资历、能力，所有在职或即将走上工作岗位的人，都面临一个十分重要的问题，那就是所从事的工作前景如何，是否有更好的发展，这些问题对你自己以及你就职的公司会有什么样的影响。但无论如何，我们都应该带着积极的心态，在希望中经营我们的人生。

　　即使一个人现在已经年近半百，仍然有将近二十年的时间，需要他积极努力地工作，而年轻人就还有更长的未来需要在工作中积极面对。我们在工作中得到养家糊口的金钱保证，同时更重要的是，我们在工作中激励自我，培养自己的创新精神和工作能力，也在工作中得到更多的经验积累，结识更多志同道合的朋友。此外，我们在工作中也难免遇到各种问题，遭受各种挫折，被人轻视、被人忽略，甚至被人伤害，但我们中的大部分人，仍旧热爱自己的工作。

　　　　安洋即将毕业，面临工作的选择，她写下这样一段话：

　　　　"我一直相信美好的东西都有共同的特质，让人觉得快乐和有趣，无论这个美好的东西是音乐、文字，还是商品、公司。

　　　　有人觉得我不适合学金融，但每当我用一个比率成功地推导出一个企业的增长率的时候，我也会非常开心。我很确信，我清楚地知道我有什么，我喜欢什么，我能做什么。

　　　　临近毕业，再次面临人生的抉择，很多同学都马不停蹄地奔忙在找工作的道路上。我该怎么办呢？我希望我能像农民伯伯一样，辛勤踏实地在自己的地里种下一些东西，比如努力、认真、知识……至于最终收获的是什么，并不是很重要。

　　　　我想我会努力一把，勇敢地追求我所喜欢的工作，留在喜欢的地方。无论结果如何，我都相信，在这个过程中自己总会有所提高。"

　　工作是每个人人生中最重要的事之一。随着时代的进步，我们工作的方式和环境也发生了很多的改变。以往觉得可以干一辈子的工作已经很难找到了,双休日休息、朝九晚五的工作方式也在被弹性工作制所取代,工作环境以及熟悉的同事也可能时常发生变化,取而代之的是不了解的人、不理解的事。有些工作中我们当年必须要亲身去做的一切,如今被层出不穷的问题和无所不在的新兴技术所替代。

另一方面,我们为谁工作、在哪儿工作、什么时候开始工作、用什么方式工作,有了更多的自主权,我们前所未有地拥有自己的话语权和决定权。因为这样的变化和我们所有的自主权,我们需要更多地思考,是什么因素从根本上改变了我们未来的工作状态?

有时候,我们为公司的利益殚精竭虑,在熬了几个通宵、废寝忘食、不辞劳苦地查资料、做计划,把自己对未来的憧憬、对工作的热爱都融入到自己所做的工作中,最终为公司精心策划了一个方案之后,可能你的上司并不赏识,甚至你的心血被他贬得一文不值,然后再三修改之后依旧不被采用。因此我们感到痛心,觉得自己的一腔热情被领导的不重视浇了个透心凉,深感收获跟付出的不平等而满心怨气。

很多时候,付出跟收获无法达到百分之百的平衡,更多的时候付出远远大于回报。但有付出才能有回报,这是一个永恒不变的真理。一个名叫索拉诺的人找到了世界上最大的一颗钻石,但没有人知道,在找到这颗钻石之前,索拉诺曾经翻动过上百万颗一文不值的小鹅卵石。在付出的过程中,我们经受了无数次失败的考验,不断地跌倒爬起,不断在失败中开拓。苦难的磨砺对我们来说也同样是收获,我们为什么要单单计较世俗眼中的收获有多少呢?

很多人遇到逆境就会逃避退缩,甚至轻易放弃,但能够坚持到最后的人才是拥有成功特质的人,他们会一直把事情做到成功为止。这样的人坚信,成功就像每天必然会升起的太阳,只要永不放弃,就一定会成功,只要有希望就决不放弃!如果我们每个人在职场上都有这种锲而不舍的精神,具备坚持下去的勇气,就有希望获得最终的成功,成功就握在我们手里。

职场上每个人都有追求事业成功的愿望,我们只有不断付出、不断努力,才有希望获得自己想要的东西。正如人们常说的一句话:"付出不一定能够有回报,但是你坚持不断地付出,最终一定会有回报。"

也许我们很难找到展示自己的舞台,在走上成功之路前我们历尽坎坷，也许我们辛勤的劳动没有能够及时得到应有的收获，但是当我们用汗水去浇灌我们理想的园地时，当我们用失败来锤炼自己的意志时，我们应该相信是金子总要发光的，我们的努力一定能迎来自己生命中最灿烂的阳光，得到自己光明的未来。

6.

怀着感恩的心，感激工作帮助我们成长

工作不仅满足我们温饱的需要，而且带给我们快乐和满足。它是我们富足生活的保证，也是我们满足自我实现的基础，因此我们需要用心去做，我们应该怀着感激和敬畏的心情把它做得更好，而不是用懈怠、轻视或者讨厌的态度对待它。

能够愉快地工作，实在是一种幸福。当我们走出校园时，我们从企业中获得了一份工作，然后在企业中得到了职业培训，让我们从学生迅速转变为合格的职场人士；公司为我们提供了各种不同岗位的工作，满足了不同个性、不同专业、不同特长的员工的工作需求，给我们提供了升职和加薪的机会，让我们有施展自己才能的广阔空间和绚丽的舞台。当我们经过一个月的工作后，财务部门把工资定时地支付给我们，让我们可以自豪地面对自己家中的妻儿老小和我们熟悉的每一个人，让我们获得满足感和幸福感。我们怎么能对我们自己的工作不热爱？怎能对自己的公司不感恩呢？

只有懂得感恩，我们才能全心全意、积极主动、高效热情地完成自己的工作，把自己看作是企业必不可少的一分子，把我们的老板、领导、同事看作同舟共济的伙伴，把我们每个人都看作是企业的合作者，跟企业同生死，共命运。

　　只有我们跟团队的其他成员精诚团结，每个人都付出自己的努力，做好自己的本职工作，企业才会发展壮大，而当企业发展壮大了，我们的前途才会更加有保障。否则，如果企业经营不良，甚至破产倒闭，那我们也就失去了赖以为生的这份工作，生活就失去了保障，还得重新择业。因此我们的利益跟企业的利益紧密相关，公司的发展保障着我们的利益和发展前途。所以我们每个人都应该全力以赴地认真工作，以使企业有更好的发展前景。

　　英特尔前总裁安迪·格鲁夫曾对即将跨入职场的学生们说："不管你在哪里工作，都别把自己当成员工，而应该把企业看作是自己的。你的职业生涯，只有你自己可以掌握。不管什么时候，你和老板的合作，最终受益者总是你自己。"

　　我们应该把自己也视作企业的主人，企业的兴亡跟我们每个员工的切身利益直接相关。我们对工作的态度，很可能决定了我们的人生。

　　有这样一个故事：

　　　　一个陌生人来到一个工地，看到三个工人在干活，他们正在搬运材料和工具，准备砌墙。这个陌生人好奇地问："你们准备干什么呢？"

　　　　一个工人没好气地说："你自己长眼睛不会看吗？看不到我们打算砌墙吗？"陌生人不好意思地脸红了。

　　　　另一个工人抬头仰望着蓝天，带着自豪的口吻说："我们准备建设一座80层的高楼，它是我们这里最好最漂亮最高的！"

　　　　第三个工人无比骄傲地跟陌生人说："我们正在建设一座新城，将来这里都是我们建起来的高楼大厦，我的家也将会在这里。"

　　　　10年后，第一个工人依然做着他认为无趣的工作，他仍旧是一个工地的小工；第二个工人成了绘制蓝图的工程师，他坐在明亮的办公室里办公；第三个工人，已经成为前两个人的老板。

　　把工作当作一种享受，带着快乐的心情投入其中，而不是把工作看作是难以忍受的苦差事，这样才能从工作中获得最大的乐趣，也才能取得更好的成绩。

当然，当我们工作时，工作环境很难尽善尽美，难免遇到各种波折和坎坷，屈辱和责骂……但所有这些都是工作的一部分，我们既然选择了这份工作，就要坦然接受。无论我们是否喜欢，所有的一切，包括那些恼人的紧张、压力甚至是恐惧……所有我们喜欢或者不喜欢的工作经历都在帮助我们成长。

每份工作都有苦有乐，其中都包含了很多宝贵的资源和不可替代的体验，如成长的喜悦、成功的快乐、失败的沮丧、友好的工作伙伴、值得尊敬的客户和值得感谢的老板……这些工作中日积月累起来的资源和感受，是每个人人生中最宝贵的财富。如果我们怀着感恩的心去面对这一切，深刻体会"工作让我成长"的道理，就会获得更多的收获。

我们很多人，面对陌生人的时候可以很友善，也会为陌生人的一点友善而感激不尽，但却可能时常抱怨让你加班加点工作的老板、跟你争权夺利的同事、让你小心伺候的客户……

如果我们怀着感恩的心去对待工作，我们就会发现，我们越是在意我们的工作，就会越在意我们的老板、同事、客户，更多地想到他们对我们的帮助。你会想到，我们无论跟老板、同事还是客户的关系，都不是对立的，而是互利的。从利益关系的角度看，我们与之是合作双赢的关系；从情感的角度看，我们彼此间存在着一份情谊。一个心存感激、懂得感恩的人，才是具有完善人格的人。这样的人为人处世才能更加主动积极、敬业乐群，才能在工作中取得更大的成就。

我们要想在企业中顺利地成长，谋得更好的发展，只有不断对自己说：我是多么热爱自己的工作，多么感谢在工作中获得的机会；而且已经从中形成了一种感恩和善意的自我意识，我会带着更多的微笑去对待自己的工作以及周围的人们。只有这样，我们才能迸发出更多的工作热情，驱动我们不断进步。

我们应当珍惜我们所得到的每一份工作，怀着感恩的心感谢我们的工作，我们将伴随着工作而逐渐成长。对于一份工作，只要我们不仅看它为我们带来多少经济利益，不只关注眼前利益，不被短期利益蒙蔽了心智而看不清未来发展的道路，我们就一定能够看到工作带给我们的所有成长机会，从工作中学到基本的工作技能和经验，同时收获这份工作给我们的未来所带来的长远的影响。

第二章

在氛围中反复历练，荣耀感在团队的烈焰中升温

职场是一个大熔炉，每个人进入职场之后，都需要经历各种艰难险阻的洗礼，才能真正成为一名成熟的职场人。也正是在进入职场之后，我们才会懂得什么是团队精神，以及当今这个社会团队精神的重要性。当我们面临在学校时从未面临的工作任务的局面时，也许你会退缩，也许你会迷茫，但是我们必须学会去适应职场的残酷，学会去跟自己的团队一起面对艰巨的任务。在这个过程中我们会逐渐成熟起来，也会逐渐了解职场，从而真正在职场之中达到得心应手的境界。

1.

融入团队,才知道有一个人没法解决的问题

　　团队是一个集体,是大家赖以生存的生命线,谁脱离这个集体,谁就会变得孤单无助。当你像一个独行侠一样在职场上拼杀的时候,你会感觉自己来去自由,毫无拘束,并且所有问题都会被你能力的"快剑"清除掉,但是当你来到团队中之后,你就会发现,人多了,流程繁琐了,你的独行侠光环也发挥不出作用了。这时,你就会发现自己需要与团队中的每个人合作,只有合作了,复杂的问题才会变得简单,问题才会被解决。

　　无论你有多聪明、多能干,你都会发现,有很多事不是一个人可以完成的。一只筷子很容易被折断,而一把筷子却很难被人折断,相信很多人都做过这个实验,这说明一个人的力量是有限的,但当一个集体中,大家相互尊重、齐心协力、团结一心,所有人都顾全大局、竭尽全力,舍小家为大家,共同朝着一个目标努力,把个人的勇气化为集体的奇迹,这种合力的力量是无穷的,将能创造出惊人的业绩。

　　"森林效应"是一种人们不太留意的现象:如果一棵树孤零零地独自生长于荒郊野外,就很难成活,即使活下来也看起来有些低矮甚至歪歪扭扭的畸形;而如果这棵树跟其他树木一起生长于森林中,则跟其他树木一起,为了享受可贵的阳光照耀和雨露滋润而奋力向上,最终参天耸立,枝繁叶茂,这就是管理专家们所说的"森林效应"。"森林效应"给我们的启示是显而易见的:个人的成长离开了集体,就如同独自生长于郊野的树一样难以成活,个人应该在集体中通过与人交往、与人交流、与人合作、与人竞争成长。只有在集体中,集体的共同要求、所开展的活动、所发出的舆

24

论、给予个人的评价才能对个人成长起到举足轻重的作用,个人的成长才能取得长足的进步。

人与人的合作不是简单的一加一等于二的问题,这种合作关系比人们想象的要微妙和复杂得多。假设每个人的力量是一,十个人合作的力量可能远远大于十,也有可能小于一。因为人与人的合作是一种犹如物理中的力的合成那样复杂的问题:如果人们的力相互推动,就能达到事半功倍的作用,合力可能就大于简单的数字叠加;而如果人们的力量相互抵消,则事倍功半,合力自然小到近于零的地步。

有一个寓言故事,讲的是一只小猴和一只小鹿,在河边散步,他们看到河对岸有棵桃树,树上结满了漂亮而成熟了的大桃子。小猴跟小鹿说:"是我看到了这棵桃树,所以桃子应该是我的。"说完就跳下河去,想去对岸摘桃子。可是小猴不会游泳,被水冲到了下游的一块礁石上。小鹿对着小猴说:"这下桃树上的桃子是我的了。"说完也跳下河去,游到了对岸。可是小鹿不会上树,也不会摘桃子,只能在树下看着树上的桃子干着急。

一棵大柳树对小猴和小鹿说:"如果你们能够改掉你们自私的坏毛病,互相帮助,你们就都可以吃到美味的桃子了。"小猴和小鹿听了这话都很羞愧,于是小鹿让小猴骑在自己身上,他们一起游到了河对岸。小猴爬到树上,摘下许多桃子,然后分给小鹿一半。他们俩饱餐一顿,然后又一起高高兴兴地顺原路返回,各自回家了。

故事里的小猴与小鹿,各有所长,得到桃子是他们共同的愿望。但他们却没有意识到,他们自己也有各自的缺点,如果不依靠别人的力量,是无法实现自己的愿望的。而当他们齐心协力、取长补短,成为一个团结协作的团队,就轻而易举地得到了他们想要的东西。我们在工作中也会遇到像小猴和小鹿一样的问题。所以,我们为了实现某个工作目标,就必须意识到,一个人的智能和体能都具有局限性,产生的力量是有限的,不可能完成所有的工作,只有跟一起共事的同事们精诚团结,才能弥补自己的缺陷,以合作的强大合力战胜困难,才能应付来自于各方面的巨大挑战。

　　有时候,我们的工作就像一台结构复杂的大设备,每个员工都是这个设备上的一个零部件。只有所有的零部件都运转正常,这台设备才能运转良好,正常工作。要想让这台设备速度更快、效率更高,就必须依靠每个员工彼此合作,形成一个良好的合作氛围,为了一个共同的目标努力奋斗。只有这样企业才能更高效地发展,每个员工也才能随着企业的发展而提高自身的价值。

　　我们时常可以注意到,在同事里总有一些人,因为他们良好的工作态度、卓越的工作能力和对问题的妥善处理能力,而被领导肯定、被大家拥戴,他们所在的公司或者群体,工作业绩总是会大幅度地提高。他们积极热情的工作态度也会带动其他人,使企业或部门的工作正向发展,给其他同事带来一个和谐良好的工作环境。

　　这些优秀的员工,用他们的力量带领大家,在公司发展顺利时共同努力,取长补短,共同分享合作的成果;当工作出现困境时,他们也会跟大家相互激励,奋发图强,创造新的生机,开拓崭新的良好局面。有空闲的时候,他们会主动帮助新员工尽快熟悉工作业务;忙碌的时候,他们也会留意其他同事,相互支援。他们的难能可贵之处,在于他们特别懂得团队合作的重要性,而且充分发挥了团队合作的凝聚力,带动大家团结奋进。

　　管理专家通过对大量管理经验的总结和研究,总结出集体智慧的重要性和关注点在于以下三个方面:

　　第一,它是集体智慧的体现。在集体中,大家可以共享新的知识,发现和分享新想法;相互之间可以取长补短,能够相互促进、增强彼此的技能,并把工作合理分配给更擅长的人。此外,合理的分工负责可以提高工作效率。

　　第二,集中集体的智慧更容易获得成功。想要取得成功,必须确定所有参与者的能力,并且更好地把它们激发出来。这些能力主要包括以下三类:知识、多样性和颠覆性。知识就是说我们必须了解要解决的问题的背景,并且掌握相关的知识;多样性是在强调我们要具有丰富的经验,而充足的经验可以带来多种视角和观点;颠覆性则是鼓励我们要有创新精神,勇于挑战困难。

　　第三,要有克服阻力的能力,包括克服工作中的困难、与现有章程的冲突、把权力交给他人而带来的控制权丧失、时而为主时而为辅的不断变换的角色和职责变更问题；并且尝试从不同的角度，包括技术和文化等方面，将集体智慧整合到工作环境中；还要勇于把个人的想法和观点传达给企业和其他合作者。做到了这些，我们才能最大限度地发挥集体智慧。

随着现代企业认识到并且更加愿意利用其员工、客户和业务伙伴的智慧，集中集体智慧将成为日益重要的机制，使这些人共同识别新的宝贵机遇，解决具有挑战性的问题，并且快速地实现令人振奋的创新。而我们每个人要通过团队合作融入集体，知道有些问题单靠一个人的力量是无法解决的，只有依靠集体的力量、集体的智慧，才能取得成功。

2.

反复历练，三人行必有我师

我国古代思想家孔子在《论语·述而》里写到："三人行，必有我师焉，择其善者而从之，其不善者而改之。"这话使我们明白，即使是伟大的人物，也有不足和弱点，而即使是再平凡的人，也有他的长处和优点，正可谓"尺有所短，寸有所长"，取长补短才能取得进步。

知识经济的增长，使得我们所处的环境发生着天翻地覆的变化，知识的更新速度日新月异，我们似乎被驱赶着，有时候甚至感觉疲于奔命，学习成为我们必须重视的一种需要，否则忽然某一天我们就会发现，我们已经不能适应这个社会的高速运转。如果我们不能加强自己的学习能力，更新自己的知识积累，我们就会发现，我们与世界的差距不知不觉间在拉大。所以，我们只有填充自己的知识库，完善和积累我们所需的知识，才有可能成为一个成功的职场人。

职场上近期流行一个新词，叫做"空杯心态"。这个词，起源于佛教修为方面一个富于禅机的故事。

一个心高气傲的年轻人，总是觉得他自己比身边所有人都有本事。当他见到一个大师时，他问大师，怎么才能找到可以让他觉得比他更有本事的人？大师让他往一只杯子里不断加水，水不断地从杯子里溢出来，这个年轻人不解其意。大师说："你就像这只杯子，你觉得自己是满的，怎么还能装进别的什么呢？"

这个故事给职场人的启迪是，你必须保持一种谦虚的心态，仿佛一只空着的杯子。你只有把你的知识积累归零，然后才能往里面放入更多的东西。如果你自以为是，又怎么能够吸收新的东西和学问呢？

职场中的我们，有很多时候都能意识到，自己最大的竞争对手，并不来自于那些时刻跟我们钩心斗角、想与我们一争高下的同事，而是我们自己。我们也时常会意识到，我们的上进心已经被各种各样的琐事所牵绊，无法对一直热爱的工作保持旺盛的积极性，而我们曾经的成功经验反而让我们故步自封，影响着我们的进步。所以"空杯心态"令很多企业老板深有感触，成为他们自我深省、教育员工和引导企业发展的重要助力。

在工作中，每个人都会在自己的经历里，更深地体会到这句话的哲理与现实意义。

1960年，刚大学毕业的学生陈明远，分到中国科学院电子研究所从事语言声学工作，他针对郭沫若发表的白话诗写信给郭沫若，措辞极其尖锐地批评说："读完那些连篇累牍的分行散文，人们能记住的只有三个字，就是你这位诗人的大名。编辑同志大概对你的大名感到敬畏，所以不敢不全文登载；但广大读者却对你的诗名寄托希望，所以不能不表示惋惜，甚至因失望而嘲笑挖苦……"

郭沫若看到陈明远的信非但没有不高兴，反而对他敢于坦率说出自己的观点非常欣赏。郭沫若回信给陈明远说："我实在喜欢你……我告诉你，你的信一点不使我'烦扰'，而且非常高兴。"

郭沫若约陈明远到自己家中，一见面就笑着问他："如果让你当诗歌编辑，你想怎么处理我的诗稿呢？"

陈明远沉思了一会儿,然后回答说:"对你的来稿,我准备分三类处理。第一类是好诗,像《骆驼》《罪恶的金字塔》那样,以及少数合格的诗,予以发表。第二类是有可取之处但需斟酌的,提出意见后把诗稿退回去请你修改,改好再决定是否能发表。第三类诗趣味寡然,我当作散文、杂文看待,或者干脆扔掉。这样才能对你的诗负责,也才能对得起广大诗歌爱好者。"当时赫赫有名的郭沫若哈哈大笑,高兴地说:"好啊!有你这样负责任的编辑就好了,我真求之不得呢!"

愚者千虑,必有一得;智者千虑,必有一失。我们只有牢记"三人行,必有我师"的告诫,努力做到谦虚谨慎,不耻下问,才能取得更大的进步。在知识爆炸的年代,我们更需要这样的信念,让自己立于不败之地。

陈均从北京邮电大学毕业后分配进了国有大型企业神东公司结算中心,从事财务工作。他学的是通信专业,没有任何财务工作的经验,什么也不懂,什么也不会,于是就从头开始学起,自己买了财务方面的相关书籍,抓紧一切时间自学,不懂的就虚心向他人求教。他在心里牢记着一条给自己的规定,那就是"三人行,必有我师"。他想学会自己所不具备的知识和技能,在工作中提高自己,从而帮助他人。

财务工作的关键是把财务理论知识跟实际结合,一切做到准确、及时。财务工作特别要求严谨、细致。张均就耐心细致地向老同志学习,对每一笔账都做好详细登记,核对清楚,确保准确无误之后,再做下一项工作。

在工作中,陈均除了努力学习基本技能,努力提高自身业务水平之外,也很注意文明办公,为前来报账的人提供优质的服务,严格遵守各项规章制度,始终如一地要求自己,再忙也注意忙而不乱,没有出过一笔差错。对待因为急躁而说话无礼的人,他也耐心地请他们稍事等待,尽快为他们办理。遇到不会写字的老工人,他还亲自帮他们填写单据。

陈均之所以这么做,是因为他牢记自己是神东公司结算中心大集体中的一员，中心的发展与他个人息息相关，所以他除了做好本职工作，也积极参与结算中心举行的各种活动。而且，随着他工作经历的增加，他不仅跟周围同事学到了很多实用的财务知识和技能，而且因为他任劳任怨，即使因为工作忙而需要加班加点也毫无怨言，做事也学会越来越稳重，所以工作越来越出色，得到了领导和同事们的一致好评。

"三人行，必有我师"这句话虽然可以说是家喻户晓，但真能做到的人并不多。人们常常犯的一个毛病就是，看自己都是优点，看别人都是缺点，看不到自己的缺点或者别人的优点；要么就是常常拿自己的优点去比较别人的缺点，拿自己的长处去比较别人的短处，因此就会时常出现严于责人而宽于责己的问题——高标准当作手电筒，只照别人、不照自己。这样做就会直接导致自己无法像孔子所说的"择其善者而从之"，学习他人的优点和长处，堵住了自己向他人学习的道路，同时造成自己在一个团队中人际交流的不和谐，甚至容易与人发生冲突。

人活在世界上，不是孤立存在的，我们除了需要缜密周到地思考问题，认真工作，尽自己最大的努力做好每一件事，同时还要在工作中学会为人处世，才能有利于工作的进行。"一根筷子轻轻被折断，十双筷子牢牢抱成团"，人只有置身于团队中，依靠团队凝聚力，互帮互助，相互督促，才能顺利完成一个人不可能完成的任务。

如果团队中的每个人都有积极的态度，充分发挥自己的能力，就能造就强大的团队，从而达到一加一大于二的效果。学习就是进步的过程，壮大团队就是壮大自己，只有团队壮大了，才能给自己带来更多机会、更大发展空间。

3.

沉稳面对困难，发现问题就要解决问题

每个人都有自己的理想，我们不断在为实现理想而努力奋斗。在我们为理想奋斗的人生里，一定会面临许许多多的问题与困境，我们只有沉稳面对困难，把所遇到的问题和难题一一解决，才能不断进步，才能最终实现我们的梦想和希冀，达到我们的目标。

解决问题有三个阶段：发现阶段，分析阶段和解决阶段。而人解决问题的能力也有相应的三个方面：发现问题的能力、分析问题的能力和解决问题的能力。

我们首先要从纷繁复杂的各种表象中，找到问题的根源所在；其次在正确发现问题的基础上，分析问题的主要和次要方面，分析它们形成的原因和发展变化；最终在正确分析的基础上，找到正确的解决方式，把问题处理好。

每个人分析问题解决问题的能力是不同的。比如说被苹果砸到脑袋的人不计其数，只有牛顿发现了这个问题，最终分析解决了这个问题，这就是万有引力的问题。我国唐朝有"房谋杜断"的说法，说的是唐朝宰相房玄龄善于谋划，杜如晦善于决断，前者能够分析问题，后者能够解决问题，用这样两个拥有不同能力的人来合作，才能顺利解决问题。

每个人用不同的态度面对问题，有人害怕，有人逃避，有人喜欢发现问题，有人喜欢解决问题。解决和处理问题的能力，是成功者与失败者的主要差别之一。正确对待问题，是成功者必备的素质和能力之一。

（一）学会发现问题

发现问题是一种创新也是一种能力，需要从众多的信息源中，发现自己所需要的、有价值的问题信息。从这个角度说，解决问题只不过是一种执行力，发现问题比解决问题更重要。

31

能够及时发现问题、勇于揭露问题,也是很大的成绩。因为有了发现问题的能力,才能有不断改进工作的基础;有了揭露问题的勇气,才能有不断前进的动力。

爱因斯坦说:"提出一个问题往往比解决一个问题更重要,因为解决问题也许仅是数学上的或实验上的技能问题而已,而提出新的问题、新的可能性,从新的角度去看旧问题,却需要创造性的想象力,而且标志着科学的真正进步。"

以前人们认为,科学研究就是人们运用各种科学方法与手段解决已有的问题,但事实上,很多时候,只是解决已有的问题是远远不够的,只会解决已有问题的人,缺乏独创精神,永远不会有自己的发现和创造。

(二)学习解决问题

发现了问题之后,需要做的是解决问题。我们不能指望所有问题都由别人来帮助我们解决,事实上,一个人解决问题的能力决定了一个人一生的成就。我们所具备的解决问题的能力越强,所取得的成就就越大。如果我们一个问题都解决不了,就注定很难在这个世界上生存。

一个人的工作绩效的高低取决于他解决问题的能力。同一件事,能力强的人完成工作所需要的时间比能力弱的少很多;同一时间,能力强的人比能力弱的人多做很多事。当遇到困难时,能力强的人往往想办法突破困境,而能力弱的人往往无能为力。比尔·盖茨曾经说过:"绩效的获得来自于解决问题的能力。"

有些处于基层的人员认为,既然解决问题的能力是一种高素质的能力,那就把解决问题的事留给高层人员去做好了。但即使你只是从事最简单的工作,接电话、收发文件、接待客户……也都会面临各种各样的问题。

当问题接踵而来并且难度逐渐加大时,我们所需要的良好的解决问题的能力,是能够让我们系统地找出问题的根源并加以最高效的解决的。

用什么方法,可以帮助我们提高自己解决问题的能力呢?

(1)用创新思维去发现问题

在日常工作中,要用敏锐的眼光留意周围的信息,去发现问题。固有的思维方式可能会影响思维的发展,只有运用创新思维才可能更好地解决问题,由此才可能产生新观念、新设想、新创造。

（2）面对问题，积极应对，主动承担责任

面对问题，不能害怕，不要担心解决不了问题会很丢脸。只有尽量多地承担工作，并真正投入其中，坚持不懈，才能真正提高自己解决问题的能力。接触问题越多，解决问题的能力就越强。

（3）无论事情大小，认真做好每件事

哪怕只是一件小事，只要能够知道怎么做好它，也比对很多事情都一知半解强很多。一位企业家在跟一群大学生交流时对他们说："在别人不知道怎么做一件事的时候，如果你知道怎么把这件事做好；在其他人也能做这件事的时候，如果你能做得更好，那你就永远不会失业。"如果你能做好一件事，即使是再小的事情，都有助于你提高解决问题的能力。

（4）制定目标，用来激励自己

如果你目标明确，知道自己想要什么，你就一定会向着你的目标努力，即使问题很多，你也不会轻言放弃。相反，如果你没有目标，遇到困难就容易退缩。每一个人在潜意识里都会有自我实现的愿望，如果我们把大的目标分解为若干个小目标，逐步完成一个个小目标，就能最终实现你的整体目标。这是发挥自己潜能、提升自己工作能力的重要方法。

（5）训练自己，培养正确的思维方式

每个人都有自己固有的思维方式，这些固有的思维方式会对解决问题的效果产生直接的影响。培养创造性思维，有助于提高解决问题的能力。

（6）经常思考，让头脑保持锻炼

善于思考的人都具有较强的解决问题的能力，思考帮助我们成长，思考是人类有别于其他动物而成为高级动物的特征。面对问题时我们要深入思考，在思考中找到解决问题的方法，在思考中感受工作的快乐，同时，解决问题的能力也在思考中得到较大的提升。

（7）全面地分析和思考问题

要以开放的、多角度的、多层面的视角全面分析和思考问题，不要认为一个问题就只有一种解决方法，也不要地急于解决问题，而应该思考问题的根源和起因。全面地分析和思考问题，才能找到解决问题的更多好方法。

(8)集思广益,听取别人的意见

俗话说:当局者迷,旁观者清。出现问题的时候,有必要听取周围人们的意见,它们可以作为你解决问题很有价值的参考。

有很多方法都可以帮助自己提高解决问题的能力,关键是我们要有提高解决问题的能力的意识,勤于开动脑筋思考,才能把事情办得越来越漂亮。

发现问题与解决问题是对立统一的两件事,既要发现问题也要解决问题,不能有问题不解决,也不能只管解决问题而不注意发现问题,顾此失彼是不可取的,既能够发现问题又能够解决问题才是我们真正追求的目标。

4.

从不会干,到得心应手

初来乍到,我们就要摆出一副初来乍到的样子,然后虚心去学,本来不懂的事情才会慢慢了解。没有人生来就会做一切事情,这就需要我们放低姿态,以平和的态度去和同事交往,去和领导交流。有些问题,你不去做,不去解决,它就永远是问题;有些问题,你去做了,去解决了,它就变成了完美的结局。从不会干,到得心应手,不需要你去做什么复杂的事情,只需要你拥有一个乐观向上的良好心态就可以了。

很多人初到一个新公司,总有很多事情从来没有经历过,需要从头学起。很多人都会在心里问自己:怎样才能在工作中得心应手?怎样才能更快更好地适应自己的工作环境,把自己所学知识充分运用到工作中,顺利完成自己的工作,实现自己的价值?有没有什么捷径可走?想要做好工作,捷径是不存在的,但有一样东西可以帮助我们更快地适应工作,让我们早日走上正轨，那就是做事的心态。

想要工作得得心应手，重要的是一个人要有良好的心态和做事的方式。

> 有这样两个有关秘书的小故事：甲公司老板给乙公司老板发去一封电子邀请函，请他参加自己公司的一个重大活动，并洽谈共同合作的事宜。他连发几次邮件都被对方退回，于是致电询问对方。乙公司老板问自己的秘书是怎么回事，秘书只是猜测地说："可能是邮箱满了。"可一周过去了，甲公司老板还是没有收到乙公司的回复，以为对方没有诚意，转而决定跟另一个企业合作。而乙公司一直在筹备跟甲公司的合作，当乙公司老板再次问起秘书有关邮件的问题时，得到的回答仍旧是"邮箱满了"！乙公司老板一气之下，辞退了秘书。
>
> 另一个秘书，本科毕业后应聘去一家公司做总经理助理，但公司安排她做办公室文员，主要职责只是收发传真、复印文件。她起初有些犹豫，考虑到工作机会来之不易，最终还是抱着积极的态度去工作了，领导或者同事交办的工作她都很认真地完成了。一天市场部经理让她复印一份合同，说马上要签合同，催她快点。细心的她习惯性地快速浏览了一遍，发现了一个重大的错误。当市场部经理有些不耐烦地催促她时，她指着一个关键的数据给他看，吓得他一身冷汗，原来这个数字后面多了一个零。这个错误不被发现，公司将损失几百万元。这个秘书的工作态度得到了总经理的认可，很快她就被转正并提拔为总经理助理。

俗话说，心态决定一切。那么我们该如何去调整自己工作中的心态呢？不妨从以下几个方面做起。

（一）用主人翁的心态去工作

一个人的心态决定了他的追求和目标。具有积极、乐观心态的人，其人生目标就会更高远；有了高远的目标，自然就会努力，有努力就会有回报，这种道理大家都懂，有很多人却未必能够做到。有很多人不能认真对待自己的工作,浮躁,抱怨,结果碌碌无为,一事无成。而那些成绩优异的人,无一不是兢兢业业、认真负责、乐观向上的人。

如果做事时能把自己当作主人翁,能自觉完成工作,尽可能地为公司规避风险,尽可能地为公司节省资金,就更容易融入公司。

(二)以自觉自律的心态去工作

各个公司的管理方法、操作规程各有不同,难免有漏洞或者不尽如人意的地方。比如面对加班、出差补贴等问题时,作为员工不能太跟公司或同事计较,或者钻公司管理制度的空子,而应积极主动工作,自觉自律地遵守职业道德和公司制度,把在其他公司所掌握的经验和技能,淋漓尽致地发挥出来,这样,对公司的忠诚会得到公司的更多认可,会更有利于今后在公司的发展。

(三)以负责的心态去工作

由于公司的内部、外部环境的变化以及公司领导的某些局限性,公司的管理方式可能会有朝令夕改、左右摇摆的情况出现,作为员工,在服从、尊重公司的要求的前提下,应以主人翁精神大胆提出自己的设想、做法,跟公司领导及其他同事充分沟通,达成共识,并努力实现你的设想,拓宽公司领导的思路,这样对公司大有益处,也为自己的发展打开了一条通道。

(四)以乐观豁达的心态去工作

人与人之间难免有一堵无形的"墙",在老板或员工之间也可能出现各种问题,即使双方都想长期合作,难免因为各种原因而无法长久。作为员工,在工作中不宜有太多的猜疑或权衡,不要对老板或同事说三道四,否则也容易造成老板对你的"不放心"和同事之间的是非。把你的工作经验、职业生涯跟公司的发展联系在一起,用豁达乐观的心态去工作,无论成败都会积累丰富的工作经验。

(五)以平常心去工作

每个人都有梦想,但初到公司,要正视自己的能力和公司的情况,对可能遇到的问题有客观地评估,不回避问题,不推卸责任,不以旁观者的心态发牢骚或评头论足,而是积极分析问题,找出问题产生的原因,并积极解决问题,才能得到老板和同事的认可。

(六)以坚定的心态去工作

给自己设定目标，告诉自己，一定要实现目标，然后全神贯注地专注于自己的工作，一步一个脚印，才能实现目标。很多时候，有些人不会做工作，不是真的不会干，而是因为不想干而不去干。这是一种消极心理在作怪，他们缺乏工作当中所需要的最基本的责任心，总觉得做工作是在为别人而做，习惯对自己的工作应付了事，这样的心态不利于工作，对自己更有害，有可能把自己的职场前程彻底毁掉。

很多人总认为自己的工作能力没有提高是没有遇到好领导、好上级，没有人好好教自己，好好帮自己。但他们不知道，能力不是别人教会的，而是自己培养、自己学会的。如果你没有积极进取的心态，好师傅也无法教会懒惰的徒弟，好领导也带不出不思进取的员工。

我们也许可以从以下的事例里看到自己的影子：

早晨闹钟响过好几遍之后，在一个公司做销售工作的吴名才不得不挣扎着从床上爬起来。他一边嘟囔着"无聊的一天又开始了"，一边匆忙地穿衣洗漱然后出门，甚至连早饭都顾不上吃。

吴名走进公司大门时，像往常一样，差两分钟九点——他总是提前两分钟到公司。

吴名拿起笔记本去会议室参加公司早上的例会，听总经理布置工作，而这时睡眼蒙眬、神情恍惚的他根本就没有听清楚总经理讲得是什么。

接着吴名去拜访客户，他无精打采的态度也让客户提不起精神，最终他遭到了客户的拒绝，这令吴名糟糕的心情雪上加霜，更加黯然起来。

吴名下午的工作内容照例是电话回访客户。看到总经理没有外出，他就赶紧拨打电话；要是总经理外出了，他就趁机偷懒，跟人聊天或者去吸烟区抽烟，耗时间等待下班。

好不容易熬到下班时间，公司规定全体人员要填写当天的工作日志，吴名照着头一天的内容随便写了几条。他想能交差就行了。然后，这一天吴名就算是熬到头了。

　　每当发工资的时候，吴名总觉得自己的工资少得可怜，但考虑到重新找一个工作他又懒得去招聘会，他估计即使找到新工作，情况也好不到哪儿去，所以还是凑合着吧。

　　半年后公司裁员，吴名首当其冲。

　　当吴名垂头丧气地走出公司时，他一边咒骂着倒霉的运气，一边骂老板，但却没有反思为什么会出现这样的情况。

　　我们时常在身边看到若干个"吴名"，甚至我们自己就是他。我们朝九晚五，日出而作日落而息，却没有积极的工作心态，没有明确的工作目标，不去制定周密的工作计划，不懂得总结工作中取得的经验，也不知道反思自己的问题和错误，工作成了一种应付，我们所做的一切似乎都为了怎么应付工作，应付上司，应付老板，全然没有了工作的热情与动力。

　　要想让自己在职场中更快地进步，首先要意识到：一知半解是自我超越的瓶颈，人最可怕的并不是无知，而是一知半解却偏偏摆出一副博学多才的架势，不懂装懂。很多知识都来源于认真的学习、广泛地深入社会和工作实践，就像"春江水暖鸭先知"那句诗词里面所包含的深刻哲理一样，只有亲身体会，你才能真正理解事物的本质，而凭空想象是不可能得出正确结论的。不懂装懂的人会假装自己"万事通"的形象，让自己陷于自我欣赏、自我膨胀的状态中，看不到自己的缺点和不足，因此裹足不前。想要自我超越，取得更大的进步，就必须突破这个禁锢自己的瓶颈，就必须让自己马上行动起来，不断学习，不断提高。

　　其次，必须要明白，重视学习是自我超越的前提。一个人如果轻视自己的工作，就不会把工作做得很细致；而粗陋地对待自己的工作，绝对是一种对自己的不尊重。同样的道理，一个人如果认为学习是一件令人烦闷、毫无价值的事，也就不可能在未来的发展中得到机会。因此，对自己的工作和学习抱着积极主动的态度，而不是充满厌恶地对待它们，才有可能取得更大成就。也许，因为各种各样的原因，你所从事的工作是不得已而为之的一些乏味的事情，但你也要看到这份工作的价值和意义。只有充满热情的人，才能使自己的感觉变得敏锐起来，才能竭尽全力去做事，发现别人无法看到的平凡甚至是乏味中的美好。有了这样积极的心态，一个人遇到再枯燥乏味的工作都能够积极接受，更会用自己的热忱去征服世界，从而开出美丽的希望之花，结出丰硕的成功之果。

最后，也是最重要的，学会学习才能发挥创造力。创造力是一种自我创新能力，可以激发员工内心和身体所潜藏的各种能力，释放出最大的新能量。想要强化我们自身的创造力，达到人尽其才的目标，就应该接受各种新的可能性、新的沟通方式与特殊的解决之道。而想要实现这一目标，就不能不学习，而学习能力的高低，决定了一个人创造力的大小。

一个卓越的人和一个平庸的人，他们之间的差距并非很多人想象的那么大，也许两者之间的差别，可能就在于一些细枝末节的小事情、小习惯、小动作上。比如前者可能就比后者每天多花了五分钟阅读、每天多打了一个电话、每天多付出了一点点努力、多做了一次试验、一次表演中多花了一点心思、一次好的表现被大人物留意到……仅此而已。

作为职场人，只要我们把每天突破一点点、进步一点点作为自己每天的目标，一年下来，就能够收获 365 个一点点，如果我们能够持续不断地坚持下去，就能不断进步，超越自我。这不仅仅是老板对我们的需要，更是我们自我进步的需要。

5.

别害怕做不好工作，自信心帮你在职场中应付自如

有些人面对工作的时候，每当遇到关键时刻，总是欠缺那么一点自信，这样反而成了他们职业发展的绊脚石。自信心，是职场工作必不可少的重要王牌。没有这张王牌，我们就很难战胜工作中的困难，取得最有利分数，并且在竞争中脱颖而出。工作中，我们的信心、热情与积极进取的学习态度，往往是克敌制胜的关键。

也有些人,踏实肯干,有足够的工作热情,愿意学习新的知识和技能,但还是觉得在工作中如履薄冰、战战兢兢,很怕自己保不住自己的工作,这样的人问题出在哪里？事实上,这些人缺少的不是工作热情和专业能力,而是一个人在职场中必不可少的自信心。

王丽是一个大学毕业三年的公司文员,自从进入一个位列世界五百强的大企业工作以来,非常兢兢业业,她觉得找到这样一个工作非常不容易,所以吃苦耐劳、任劳任怨,工作上一丝不苟,下班后还花费大量时间和金钱去做各种自我进修,包括学英语、学 EMBA 来提高自己,另外还参加了很多学习口语表达、公文写作、撰写公司企划案等等专业技能的培训。但她总是觉得自己的工作中好像缺了什么,似乎领导也不赏识她,跟同事之间虽然客客气气,但好像也缺了几分亲近感。王丽很担心,不知道自己会不会随时丢了这份工作,她冥思苦想,但找不到自己的问题出在哪里,而且,这样的状况似乎越来越严重。王丽认为自己患上了焦虑症,弄得身体状况很不好,茶饭不思,睡眠也出了问题。她总在问自己:我到底怎么回事啊？我这是怎么啦？

像王丽这样的职场人很多,他们努力工作,并花费大量时间培训自己,但却很少有人能够花时间想想:该怎样提升自己在职场上的自信心呢？

面对竞争日趋激烈的职场,我们习惯于专注于我们的工作,却常常忽略了自己心理上的健康。某一天你可能忽然发现自己情绪上或者精神上有些不对头,你开始疑神疑鬼,左思右想,惴惴不安,甚至彻夜难眠。总之,你觉得自己被一种无形的力量悄然控制住,任凭你奋力挣扎,也无济于事,就好像我们被梦魇控制着,无论怎么样也挣脱不出来。这究竟是怎么回事呢？

变幻莫测的职场,令我们不得不小心翼翼,生怕一不留神,踩到一颗"地雷",犯下什么过错,就葬送了自己的大好前程。但极少有人能够真正意识到,我们内心也有一片"雷区",如果你不能妥善处理,内心的这片"雷区"的破坏力会远远超过现实生活很多倍。这些"地雷"让我们迷茫和困惑，让我们看不到未来的希望和方向。这种痛苦无以复加，因为人生只有目标明确才能看到光明，才能充满自信和快乐。

怎样在职场中避免触发那些可怕的心理"雷区"？又应该怎样处理这些可怕的"心灵地雷"呢？只有让自己成功地躲开自己心底随时爆炸的"雷区"，扫清自己内心的困惑，才能真正战胜自己，坚定地朝着成功的方向迈进。心理学家提供的一些有关避免触发心理"雷区"的建议，可以给我们提供一定的帮助。

（一）不要过度紧张

一些职场新人，没有太多工作经历和经验，他们不怕纸面上的考试，因为他们刚从应试教育的学校里出来，但当接到公司通知面试的消息时，一想到要面对活生生的考官，他们就会在面试的前一天晚上开始思前想后，寝食难安。面试时他们可能脑子会突然一片空白，说话也结结巴巴、词不达意，有些情况严重的，甚至会出现胃痛、心跳加速、呼吸不畅或面色潮红、头晕目眩的症状。

应对策略：假如明天要进行公司面试，最好自己先用角色扮演的方式，对自己进行一次模拟演练，帮助自己尽快进入角色。另外，通过各种渠道尽量了解将对你面试的公司，对公司的基本情况和可能的面试问题都尽可能多掌握一些，力求做到知己知彼。这样你可能就不会再对面试感到那么紧张不安，你的紧张情绪就会慢慢消失，你也就有信心面对明天的面试了。如果面试失败，让你相当长的时间里都感觉内心紧张和压抑，就适当地转移自己的情绪，找朋友家人聊聊天，或者听听轻音乐、去购物、去爬山，做一些自己喜欢或让自己放松的事情，让面试的场景在自己的脑海中淡化，就能很快摆脱你的困扰，解决掉这个问题。

（二）避免习惯性跳槽

这绝对不是一个好习惯，但在一些年轻白领中却普遍出现这种情况。有些人等不及合同期满，甚至试用期没过，就开始蠢蠢欲动，想要换一个新地方。有人认为这是寻找更好的机会的一种方式，就像俗话所说的那样，"人往高处走，水往低处流"。也有些人觉得自己的性格就是这样的，不喜欢固守在某个地方，时间一长就想换换地方，管他三七二十一，先跳了再说。

应对策略：如果你已成为人们所说的"跳蚤一族"，那你必须要认真反思自己,衡量一下你的自身价值跟你的个人追求之间所存在的差距。每个人都希望有机会遇到赏识自己的伯乐,但你必须清楚,自己是否就是真正的千里马。跳槽从短期利益来看,不会有损失,而且可能新公司给的薪水比旧公司更高,看起来是跳对了。但是从长远发展的角度来看,每次跳槽都会有一定损失,需要花很长时间适应新环境、新老板、新同事,体会新公司的企业文化和自己的个性是否相适应。权衡利弊,频繁地跳槽还是有些得不偿失。

(三)不要担心别人背后议论自己

有些人,总觉得工作中的老板、同事都在盯着自己,而且都在背后嘀嘀咕咕。他们总会觉得别人的眼神都不善——是不是看不起我?是不是觉得我没有能力?是不是我今天做错了什么决定?是不是有人向总经理打我小报告了?这种没来由的担心压在心里,会导致情绪的紧张和激动。

应对策略:有这种想法和感觉的人,一般内心敏感,经常有意无意地给自己施加压力,事实上是缺乏自信的表现。他们追求完美,希望自己做得更好,但往往适得其反。想要改变这种局面,就需要时常跟自己说,别人怎么看自己都无所谓,我知道自己在做什么,我知道我是谁。别人的眼光里有无数种可能,也许毫无意义,甚至可能是欣赏自己呢。自信的人才能快乐。

(四)妥善应对工作压力

职场中有很多人,觉得压力大得让他们不堪重负,无论哪个行业,都有人容易产生这样的感觉。超负荷工作,长期加班,任务定额完成不了,情绪或压力得不到有效宣泄,因而损害了身心健康。精神状态不良,就会造成这样的结果,甚至有人因此产生暴力倾向或轻生的念头。

应对策略:当我们开始感觉到工作压力逐渐增大时,我们就必须马上采取妥善的方法处置这种情况。要跟亲友交谈,培养自己更多的兴趣爱好,做一些轻松的事让自己放松,而不要时时刻刻把自己锁定在工作这一件事里。工作虽然是人生的重要组成部分,但绝不是人生的全部。适当地忘记工作是必要的。

6.

逐步提高，明白亲和力的重要性

在心理学概念里，"亲和力"是指人与人相处时所表现的亲近行为的动力水平和能力。无论在日常生活中还是在工作、学习中，亲和力都是人与人交往中必不可少的一种能力，需要不断地经过生活工作的历练和经验的积累，才能更明白它的重要性，急于求成和刻意模仿都可能弄巧成拙。

在我们的工作环境里，建立良好的人际关系，得到大家的尊重，无疑对自己的生存和发展有着极大的帮助，而且有一个愉快的工作氛围，可以使我们忘记工作的单调和疲倦，也使我们对待生活时能有一个好的心态。遗憾的是，我们常常听到不少人对怎样处理好办公室里的人际关系感到棘手，抱怨很多。其实，只要我们为人正直，用心并努力，做个受人喜爱的同事并不是很难的事。

下面让我们看看西方工作人员彼此保持亲和力的例子。

查尔斯在纽约一家大银行担任秘书工作。有一天他奉命写一篇可行性报告，内容是有关吞并另一家小银行的项目，但事关机密。他知道，他十分需要的资料，只有一个同事手里有，也只有那个同事才有能力帮助自己。那位叫做威廉·华特尔的先生曾经在他们要收购的那家小银行效力了十几年，不久前刚刚来到现在他们共事的银行，并跟查尔斯做了同事。于是查尔斯找到了威廉·华特尔，请他帮忙。

当查尔斯走进威廉·华特尔的办公室时，华特尔正在接电话，表情看起来很为难，他对着话筒说："亲爱的，我最近实在找不到什么好邮票给你了。"

放下电话后,华特尔向查尔斯解释:"我儿子是个集邮迷,我在给12岁的他搜集邮票。"查尔斯说明了他的来意,想让华特尔帮助自己。但也许因为华特尔心里还是很忠诚于自己原来工作过的单位,他不是很想跟查尔斯合作,回答时要么一语带过,要么模棱两可。查尔斯劝说了华特尔半天,也没有什么效果,最后他的目的没有达到。

拿不到核心资料的查尔斯内心很着急,一筹莫展,情急之中突然想起华特尔的儿子喜欢集邮,而自己恰巧有一个喜欢搜集世界各地邮票的朋友。下班后,查尔斯请那位喜欢集邮的朋友吃一顿法国大餐,并且向他求助,让他给自己一些精美的邮票。

第二天一早,查尔斯拿着他用法国大餐"换来"的精美邮票,去到华特尔的办公室。华特尔看着那些邮票,满脸笑容,不停地说:"我儿子一定非常高兴。他喜欢这些。""瞧啊,这张可是无价之宝!"

查尔斯耐心地陪华特尔一起坐了一两个小时,并且一起看了华特尔儿子的相片。这次没有让查尔斯多费什么口舌,华特尔就把他所知道的另外那家银行的情况全都说了出来。华特尔甚至给他以前的同事打电话,询问一些事实、数字、报告和其他相关内容,并全都告诉了查尔斯。

"帮人最终还是帮自己",查尔斯后来对此话深信不疑。

查尔斯用他的灵活手段和他耐心细致的亲和力打动了深爱儿子的华特尔。这个故事中,我们可以看到亲和力所起到的重要作用。

那么,究竟怎样做我们才能成为一个受同事欢迎的人呢?究竟我们采用怎样的方法和同事相处才能更加和谐呢?这是一门学问,更是一门艺术,只有掌握了其中的技巧才能在今后的职场中步步为营,一帆风顺。

亲和力主要体现在以下四个方面:

(一)人格力量的"亲和力"

人格是一个人品德、情操、气质的集中体现,每个人由于教育、修养、经历的不同,都有自己独特的人格魅力。人格高尚的人,就可以对他人产生一种榜样的力量,形成人格力量的"亲和力"。做到品德方面比别人高,利益方面排在别人之后，才能形成一种凝聚力，实现"说话有人听，做事有人跟"，用高风亮节团结大家，一起实现共同的目标。

想要形成人格力量的亲和力，就必须做到以下两点：

（1）严于律己，宽以待人

时时刻刻严格要求自己，但对别人虚怀若谷，热情宽厚。对自己严格要求，才能行得正走得直，才能得到别人的理解和支持。否则，如果你宽于律己，严于待人，对自己无所拘束，对别人严格要求，就会给别人留下虚伪的印象，产生一种离心的不良影响，就无法产生亲和力，工作成效也会事倍功半。

（2）言行一致，以身作则

这是做人的一个重要准则，人所共知，但真正做到并不容易。要让自己所说的正确道理与自己的实践行动保持一致，才会让他人把你说的道理自觉变成他们的行动。如果你说的是一套，做的却是另一套；当面一套，背后一套，即使你说得再动听，也没有人会相信你。

（二）平等态度的"亲和力"

良好的人际关系中，最重要的一点是人格的平等。如果在工作中时刻想到你与对方在人格上是平等的，采取一种平等态度，相互理解，相互友善，平等沟通，尊重对方同时尊重自己，不居高临下，不盛气凌人，不强词夺理，不以势压人，不卑不亢，耐心细致，你就会产生"亲和力"，工作就容易取得成效。

否则如果你摆架子，让对方感觉到一种压力，对方就不会与你亲近，甚至跟你唱反调，原有的问题不能解决反而会产生新的问题，甚至激化了彼此的矛盾，工作的成效就会大打折扣，很难取得预期的成效。

（三）正确方法的"亲和力"

在工作中，还要注意工作的方式方法。在与人沟通合作中，无论面对领导、同事还是客户甚至竞争对手，不仅要有好的出发点和善意，方式方法也要尽可能是正确的，才能更好地解决彼此之间的矛盾和问题，达到合作共赢的目的。而不顾实际情况，只考虑最终的目的，是无法产生"亲和力"的。比如应该私下里沟通的事情，拿到大庭广众下来公开处理，问题不仅不能得到解决，反而会适得其反。

（四）真诚情感的"亲和力"

人是有思想、有情感的高级动物,所以想要建立亲和力,情理交融、寓情于理是必不可少的,如果我们对人抱着真诚的情感,就能产生极大的"亲和力",这样会让他人对某些道理不言自明,激起自觉实现共同目标的热情。

亲和力不是从天而降的,而是通过我们的努力实现的。亲和力的产生有以下三个条件:一是以情感密切关系,二是以情感凝聚人心,三是以情感振奋精神。这三个条件,归根结底是要我们对周围的人有真情实意,这样才能让对方感受到你的真心,对你产生一种凝聚力,才能真正产生亲和力,把大家团结在一起,鼓舞大家共同努力,克服困难,取得成功。

在工作中,我们还应该在一些细节上留意,才能潜移默化地让自己的行为更具有亲和力:

（1）尽量了解我们周围所有跟我们有关的人们的优缺点,对他们的优点不吝赞美和鼓励,对他们的缺点则尽量以朋友的口吻与之探讨交流;

（2）对周围人们的生活加以适当但不过分的关注与帮助;

（3）每天用真挚的微笑和诚恳的眼神面对周围的人,这样不仅会让他们感到温暖,也会帮你忘记疲劳;

（4）善于倾听,用心倾听,真正理解对方的意思之后再做出相应的回应,多为对方考虑;

（5）说话的时候注意眼神的交流,学会控制你的语调、语速;

（6）跟人交流时,不要自己喋喋不休,而要注意对方的反馈;

（7）着装也很重要,正式场合必须着正装,但也要留意永远只穿正装会让人觉得你很"职业"、很刻板,所以适当在客户面前改变自己的着装,有利于跟客户相处;

（8）拜访别人临分别时,握手的同时发自真心地跟对方说:"感谢您抽出时间来接受我的拜访。"

（9）站在对方的角度看问题,如果能像俗话所说的那样"钻到他的肚子里,通过肚脐来看外界"就更好;

（10）真诚待人,记得亲和力是对方所能感受的感觉,不是你脸上挂满微笑,别人就认为你有亲和力。

"亲和力"可以帮我们搭建起与周围人之间心灵和情感的桥梁,也能成为我们工作中的一种推动力和凝聚力。"亲和力"，实质上是我们用自己特有的素质，在工作中所产生的一种亲近、和谐、感染、凝聚的力量。通过形成"亲和力"，我们的工作会产生更好的效果，并让我们周围的人感到心悦诚服。

7.

进入职场，你会发现态度比能力重要

一个人的工作能力是其综合素质的表现，是受遗传因素影响加上后天的努力而逐步形成的。一个人的工作态度，是其对工作的自主意识的表现。良好的工作态度是取得工作成绩的基础，如果一个人有较强的工作能力，再加上积极的工作态度，做事就会事半功倍，成就一番事业。而一个人如果既没有较强的工作能力，又没有认真的工作态度，那必将一事无成。

一个人即使有较强的工作能力，如果抱持着消极的态度，对工作应付了事，终究不能成就大事。相反，如果一个人有积极热情的工作态度，即使能力稍差，但勤能补拙，只要积极认真地对待工作，不断总结经验教训，工作能力也会不断提高。所以，工作态度在很多时候比工作能力更重要。

古往今来，能够成大事的人，不但有超出世人的旷世之才，而且有超出常人的坚韧毅力，这种毅力，体现在工作上，就是积极进取的工作态度。有了这种积极的态度，就不会因为能力不如别人而自暴自弃，也不会因为自己能力超群而自视甚高、恃才傲物。"人一能之，己百之"，"驽马十驾，功在不舍"，说的都是勤能补拙的道理。别人做一次就能做好，我做一百次，这样总能做好。有这样的意志和态度，即使我们能力一般，也不怕工作做不好。

　　王晓是一个很聪明的年轻人。大学毕业三年后，他遇到了一个老同学，跟同学倒了一番苦水，说他很郁闷。老同学通过跟王晓的交谈，加上侧面了解，看出王晓的问题出在了哪里。

　　原来王晓这三年在大大小小的公司换了十几个工作，老板炒过他，他也炒过老板。他的郁闷在于，很多他认为能力比他差很多的人，都比他混得好，工资比他高，让他内心很不舒服，尤其说到他们的同学李林，他在王晓的眼里就是一个菜鸟，但居然已经做到了公司的中层经理，而自视甚高的王晓现在还是一个小公司的小职员，收入也跟刚毕业时没有太大差别，这让王晓觉得实在难以接受。

　　有一次，上司交给王晓一个任务。王晓平常自认为能力强，不把同事放在眼里，但这件事必须靠整合资源，大家共同完成，因为王晓平时的态度导致他人缘很差，无法整合到合适的资源，所以任务无法完成。王晓对此事的处理只能是"石沉大海"，只字不再提。王晓的上司因此觉得王晓是个"做事太不靠谱的家伙"，除此之外，还听说王晓觉得领导能力不如他，还经常耍小聪明，不服从领导指挥，对同事也时常趾高气扬，团队意识淡薄。

　　而王晓眼里的菜鸟李林正好跟王晓情况相反。李林是那种忠厚但不十分聪明的人，做事也不算灵活，最大的长处就是踏实，爱学习，能吃苦。李林工作三年一直待在一家公司，他的上司本身能力很强，喜欢李林的忠厚老实，所以常常帮衬李林，资源也拿给李林分享，所以李林的成绩得到很大提高。李林的上司调离公司时，推荐李林顶替他的位置，所以李林很快得到了升迁。

　　人生不如意事十之八九，工作也是同样。很多人，只要是在给人打工，就会有很多抱怨：机会不够好，小人当道，上司不赏识，工作不体面，待遇不够高，工作太辛苦。事实上，王晓的问题在于，他跟职场中很多人的问题一样，他总觉得自己怀才不遇，把工作能力的作用无限放大了。

　　能力不是不重要，只是没我们想象的那么重要。很多时候，很多单位对人的工作要求，最核心的要素不是能力，而是踏实的态度。"忠诚"成了员工最重要的特质。有些"混得很好"的人自己也认为，自己不是因为能力强、最出色才混得好，而是因为他最让领导和同事信任。

"靠谱""不靠谱"，在工作中也时常被人们提起。说到一个人做事靠谱，也就是指他的态度，值得领导、同事、客户信任或信赖。不是你能力强才靠谱，如果你尽全力去做工作，做不了的老老实实地说你做不了，就是靠谱，自然会有人去完成。如果你能力过人，但在工作中偷奸耍滑、欺上瞒下，没有人会觉得你靠谱。在工作中靠谱不靠谱，真的极为重要。

在职场中，没有正确的工作态度、被认为不靠谱的人，往往只能在原地打转，没有发展。如果我们是被认为靠谱的人，靠谱的事就会等着我们了。职场中，很少有人可以全靠个人努力打拼而成功，成功还需要机会。机会都是欣赏我们的人给予我们的，如果我们被认为勤奋肯干、吃苦耐劳、踏实忠诚、学习力强……也许机会就在下一个路口等着我们。

自然界讲究"物竞天择"，现代社会讲究"优胜劣汰"，每个人的能力千差万别，我们怎么做，才能更好地适应企业的发展，成为别人眼里的有积极态度的靠谱的人呢？

对企业的执行力来说，态度决定一切。如果员工有了积极主动的工作态度，所有的公司制度就能得到执行，所有的问题就能得到顺利的解决，所有的策略就能有人认真地实施。否则，如果没有这样积极主动的工作态度，一切都被消极被动地应付了事，所有好的计划、策划、策略、制度都不能得到很好的执行和落实，就都成了空的了。所以作为职场上的一分子，培养自己积极主动的工作态度，是很有必要的。

积极主动的态度会给每一个秉持这种态度的人提供以下帮助：

（1）帮你主动寻求答案

如果你有积极主动的工作态度，出现问题的时候，你会积极主动地去想办法解决问题，而不会像算盘珠子，别人拨一下才动一下。即使你想出来的办法不是很理想，也能使问题得到一定的解决；即使你想不出办法解决问题，也会主动寻求别人的帮助。这样的态度，最终总能保证问题得到解决，而你从中养成了一种积极主动的工作态度，会让你终身受益。

（2）帮你不断自我总结

如果你有了积极主动的工作态度，每当做完一件事情，你就会不断地自我总结，不断地自我回顾，从做完的事情中发现问题。不光要对事情本身自我总结,对事情的处理方式、思路也要总结,这样做,既可以不断总结经验教训,也可以强化积极主动、认真负责的工作态度,进而从多方面提高自己,不断进步。如果没有这样的态度,过去的事就过去了,就很难从过往的事情中获得帮助。

(3)用心做事并关注结果

如果你有了积极主动的工作态度,那么在做事的过程中就会格外用心,同时还会期望这种努力会有一个完美的结果,所以会特别在意别人对自己的评价,对所做的事情的过程和结果都会十分关注。没有这种态度的人,做什么事都无所谓,对结果也无所谓,把什么都当作跟自己不相干的事,或者认为是给老板做的,自然没有长进。

总而言之,在工作中,很多时候态度决定一切。如果你有了积极主动寻求解决办法的态度,你的能力也会随之成长得很快,你就会成为别人眼里靠谱的人,而别人的尊重又会促使你更加努力提高自己,最终,你的积极主动的态度和你的能力相得益彰,会帮助你取得更大的成就。

8.

你应该知道,能力绝不是不重要

作为职场中的一分子,我们只有不断地追求优秀与卓越,付出全部的工作热情,才能在职场中逐步提升和完善自我。同时我们应该认识到,工作态度固然十分重要,但并不等于说能力不重要。事实上,能力绝非无关紧要,它决定了一个人做事的高度和深度。我们可以看到,很多在职场打拼多年的优秀职业人,借助他们长期工作所获得的信任和成熟的人际网络,使得自己更具有超越职场新人的竞争力,这是成功的重要条件。每一个职场人士,都必须用事实证明自己的能力,这是企业选择我们的最重要原因。

能力强，办事自然得心应手。自古以来，没有哪个伯乐是凭马的态度好来选择"千里马"的。我们经常说"态度决定一切"，但这并不是说每个人都能达到自己设立的任何目标。只有那些不断提高自己能力的人，才有可能实现自己的目标。有好的态度，积极主动、持之以恒地努力工作，当然是非常重要的，但是不要忘记提高自己的能力。

能力是多方面的。对企业来说，如果业务员有能力，就可以影响到客户的决定，就可以给公司签下订单。才思敏捷是能力，善于表达也是能力。有能力的员工会给企业带来更大的利益，他们自己拿奖金是靠能力，升职也是靠能力。一些退隐江湖的高手，在关键的时候出手，使用的也是他们的能力。李嘉诚、比尔·盖茨都不是凭借态度好而富可敌国的，是凭能力；唐宗李世民、宋祖赵匡胤也都不是凭态度来开创历史的……所有的事情，无论大事小事，一旦解决起来，如果没有过人的能力，态度再好也枉然。

并不是有能力的人就没有好的工作态度，很多人只是受到工作环境的影响而改变了态度，并不是从他自身发生了根本改变。一个人工作态度再好，如果没有足够的工作能力，也是不能创造工作价值的，没有足够的能力满足工作的需要，他只能被淘汰。

爱因斯坦说：天才＝99％的努力＋1％的灵感。没有1％的灵感，99％的努力都没有用。刘晓庆说：成功＝天赋＋机遇＋努力。这些不同行业名人的话说明，"态度决定一切"的前提是有足够的能力。如果能力不够，态度再好也无法解决问题。工作能力强的人能及时发现工作中的问题，找到妥善的解决方法去彻底解决问题，给企业带来效益和利润。

对于一个企业来说，员工的能力直接决定其自身的核心竞争力。因此，我们首先要从最基本的做起。保质保量地按时完成上司交给我们的工作，是让企业感觉到我们的重要性的根本基础。没有哪个领导会喜欢一个做事拖拖拉拉，影响公司大局的员工。因此，如果领导交给我们一个任务，我们就应该自行预先估量一下手中所控制的人力、财力、物力等资源，如果能够在规定期限内完成，就必须全力以赴地去完成；如果经过估量，无法准时完成，就必须向领导说明，请求公司给予更多的支持，调配更多的资源，以此保证及时完成工作。如果你能够保质保量地完成任务，而且尽量提前完成了,就能给领导更充分的准备时间,他就能够运筹于帷幄之中,决胜于千里之外。如果你总能给领导这样的印象,让他觉得你很重视他交给你的工作,知轻重,懂进退,能担大任,领导怎么会不重视你呢?

既然工作能力如此重要,我们怎么提高自己的工作能力呢?

首先要努力提高自身能力。现代经济发展迅速,企业竞争激烈,职场同样如此,我们想要很好地运用优胜劣汰的职场规则,就必须始终向更强、更好的方向发展。从长远发展来看,职场人要有精确的计划能力和良好的平衡能力,做好职业规划,给自己设立长短期发展的目标,不断提升个人的综合能力。同时处理好自己的工作和生活,张弛有度,让自己有一个良好的可持续的职场发展,这远远胜于一时的辉煌。

其次就是要学会培养自信。所有成功人士,所具备的最重要的特质就是自信,它是能够克服一切困难的一种信念。它可以分成两个相互关联的阶段:首先驱除心中的自我怀疑,然后建立起自信。事实上很多成功人士最初也会因为自己的不足而产生恐惧。你的自信取决于你自己,这是你走向成功的基础。

俗话说:"近朱者赤,近墨者黑。"想要增强自信,最好的办法之一,就是找一个自信的人作为自己的榜样。很多东西都会互相感染,跟快乐的人在一起,你会快乐;跟自信的人在一起,你也容易学会自信。潜意识是简单而有帮助的,当你从心里给自己建立了自信的标准,你的潜意识就会帮你走向成功。

第三章
领受企业传授的经验，在理智中解决问题

　　初入职场时，曾经有职场前辈告诫过我：工作中不要追求所谓公平，也不要以为只有自己受了委屈，唯一需要牢记的一条就是：搞定眼前的工作，完成任务之后再说话。职场从来不认可情绪，更不会在你没有取得任何成就的时候就认可你的尊严，只有你在一次次的失败中总结经验，在无数次的委屈中学会冷静面对，在与团队的配合中学会步步为营去解决问题的时候，你才有资格在职场中讲公平和尊严。不要害怕失败，更不要害怕犯错，每一个职场人都需要去经历这个过程，才能练就一身谋大局成大事的本领。失败是成功之母，在职场中，你会更加深刻地体会到这句话的哲理所在。

1.

莽撞少年不再鲁莽行事

　　我们都知道,在松软的沙地上起跳,即使我们拼足了气力,也总是不如在结实的地面上跳得高、跳得远。做工作也是一样,如果总是好高骛远,不能脚踏实地,就等于没有坚实的基础,怎么可能取得进步呢？无论我们所从事的工作是伟大还是卑微,也无论我们的职位高低,脚踏实地、全心全意地工作,才能够更快更好地成长,才能为将来更大的成功奠定坚实的基础。

　　职场规则中的一条,是"不要把情绪带到工作中去",但人有七情六欲,不是机器人,情绪是人与生俱来的,不可能因为我们身在职场,就彻底断绝了情绪的变化。一旦产生了情绪,它也不可能因为被压抑就不存在了。我们能做的,只能是尽力控制好自己的情绪。

　　我们在职场中,只有不断改善自己的性格,才能够对工作更加得心应手,游刃有余。但释放自己的情绪并不那么简单,每当我们被领导批评,被同事误解,被下属顶撞,自然会产生抱怨、委屈、倦怠、愤怒等各种各样的负面情绪,如果这些负面情绪马上在工作中表现出来,就很不妥当,甚至会影响自己的前途发展。但过于压抑自己,让自己长期处于负面情绪的影响中,积郁久了就会像火山一样爆发,无论对自己还是对周围的人都会造成很大的破坏。

　　情绪原本是我们自身的一种能量。压抑情绪,就会使这种能量受到抑制,所以过于压抑自己情绪的人,工作效率往往也很低。而且当情绪压抑不住的时候,就会通过别的途径爆发出来。如果你的心里长时间压抑

54

着一股愤怒无从发泄，就很有可能在工作中出错，或者与同事或客户甚至上司发生冲突。

> 张力对自己的工作很不满意，他愤愤不平地跟朋友说："我那个破公司老板，一点不重视我的工作，无视我的努力。改天我火了，就去跟他拍桌子辞职！"
>
> 朋友问张力："你对你们公司的经营都了解了吗？有关国际贸易的窍门搞清楚了吗？"
>
> 张力回答："没有！"
>
> 朋友给张力建议说："我觉得你应该把你们公司的贸易技巧、商业文书和公司组织弄明白再走，最好连怎么修理传真机、怎么维护公司网站等等都学会了，再走也不迟，你权当拿公司当免费的培训机构，他们还给你发工资，你一点都没有吃亏啊。等你什么都学会了，不就可以自己出来开公司了吗？那样不是更解气吗？"
>
> 张力听从了朋友的建议，每天开始偷学公司的有关管理，甚至下班之后，张力都不离开，就是想留在办公室研究怎么写商业文书。
>
> 一年之后，那位朋友见到了张力，就问他："你大概什么都学会了吧，是不是该准备拍桌子不干了？"
>
> 张力回答说："可最近半年老板对我刮目相看，给我升职加薪，委以重任，我都是公司红人了，你说我怎么办？"
>
> 朋友哈哈大笑，说："我早就料到会这样。当初你的老板不重视你，是因为你还不具备委以重任的能力，又不愿意努力学习。后来你刻苦努力，进步神速，你们老板当然对你刮目相看了！"

古希腊哲学家亚里士多德曾经说："对自己的了解不仅最困难，而且也最残酷。"让每个人心平气和地对他人和外界事物进行客观评价并不很难，但如果想要对自己进行客观评价，就很难心平气和了。但是想要自我超越，则必须具备足够的自省能力，去坦然真诚地面对自己，正确地认识到自身的优缺点。

每个成功人士,在他的人生道路上都需要经过几番蜕变。蜕变的过程是痛苦的,但却是成长所必需的。这个过程也是自我认识、自我觉醒和自我完善的过程。每个人的精神世界都存在着相互矛盾的东西:善恶、美丑、好坏,创造性和破坏欲……我们只有不断地进行自我认识和自我改造,在一次次蜕变过程中获得经验教训,对自己认识得越来越准确,越来越深刻,才能更有希望获得成功。

另外,一些有经验的安全生产管理人员总结出的经验表明,以下一些心理因素有利于促进安全生产,在生产企业从业的年轻员工可以自己留意,引导自己培养这些心理素质。

(一)害怕被伤害的心理

这是人们最基本的心理特征之一,很普遍,也很强烈。

比如,一个从小生活在矿区的孩子,从小看着妈妈等待爸爸回来时担惊受怕的眼神,听多了事故的恐怖,当他进入同样的工作环境时,就会格外留意安全问题,避免安全事故的发生。

相反,有些人个性很鲁莽,却错把鲁莽的行为当作勇敢,蔑视个人安全,但这种人往往具有集体荣誉感,如果跟他说让他注意自我防卫,反而会让他有更大的逆反心理产生,而对他强调集体荣誉和利益,则会对他尽力防止事故发生有很大作用。

(二)人道感

人道主义是人类的本性,是个性善良、愿意为他人服务,甚至舍己为人的心理。

在预防事故以及事故的抢救等方面,这种心理会有很大帮助,会让我们对他人的痛苦感到同情,容易唤起人们的彼此帮助和合作。

(三)荣誉感

有这种心理的人关心个人荣誉,同时关心集体荣誉,希望与人合作。当员工具有正确的荣誉感时,他们一般会尊重上级,遵守规章制度,会为了集体的安全和生产的顺利进行而杜绝不安全的行为。作为员工个人也可以以此来强化这种意识。

(四)责任感

大多数人都有一定的责任感,无论对自己还是对他人,只是程度有所区别而已。有责任感的人知道自己应尽的义务，所以可以用这种心理让我们承担相应的安全责任，帮助我们树立安全意识。

（五）自尊心

有自尊心的人在意自己的自我满足，喜欢被人赞赏和尊重。在工作中，自尊心来自于别人对自己工作的肯定和工作价值的认同。表扬与自我表扬是让人产生更强自尊心的重要手段。用展览图表、统计数字等来显示职工安全努力的成果，可以刺激他们的自尊心，在安全工作方面起到更大的作用。

（六）竞争性

希望与人竞争的人，在有竞争的时候比一个人独自工作更有积极性，因为这样可以证明他比别人强。企业可以给这样的人提供一种竞争的机会，比如"百日安全"或者"安全行驶多少公里"之类的，而员工自己也可以给自己设立一个目标，但不要过于争强好胜而冒险蛮干。

（七）从众性

如果群体的安全意识强，有从众心理的人就不愿意被人认为自己破坏了集体的安全，因此，要培养群体的安全意识和作风，通过群体标准来约束大家，从而调动有从众心理的人的安全意识。

总之，要加强对年轻员工的安全意识的培养，帮助他们形成自我安全教育的良好心理习惯，正确区分鲁莽行事与必要时见义勇为的区别，帮助年轻员工完善自我，从鲁莽少年成长为企业生产和安全的生力军，为企业和国家的建设添砖加瓦。拥有安全，我们才能感受到生命是如此的美好！

2.

不断地锻炼定力，谋大局才能成大事

"定力"源自佛教用语，它是一种特殊的力量，它不同于控制力、精进力、意念力、智慧力、执行力等力量，又集合了这些人格力量所具有的能量。定力，对于我们身处职场的人来说，同样作用非凡。在工作中，我们只有拥有了坚忍不拔、宠辱不惊的定力，做事具备大局观念，才能最终成就宏大的事业。

"定力"中"定"的意思就是内心处于平静、安宁、专一的状态。"定力"说的是，一个人要想修成正果，就必须坚定自己的信念，不以物喜，不以己悲，不为境转，经受得起寂寞挫折，勇于拒绝名、利、色的诱惑和本能欲望的驱使。定力是意志、信念、精神、操守、修养的集合，是把握自我、规范道德的意志力量，是宠辱不惊、喜怒不行于色的从容和镇静，是不卑不亢、坦然大气的操守和修养，是坚定不移、目标远大的精神和信念。在鱼龙混杂的社会环境中，在纷繁复杂的社会思潮中，只有保持坚忍不拔的良好"定力"，才有可能成就伟大的事业。

想要在职场中不断进步，达到更高的高度，你必须让自己累积起足够的专业实力。尤其刚刚进入工作阶段的职场新人，能否胜任工作，独当一面，是你能否脱颖而出的关键，也是你能否干出一番成就的关键。如果你没有真才实学，就不可能在职场上胜券在握。

职场上想要出人头地，就必须首先想方设法地做好自己的本职工作，这在任何公司都是评价一个员工的根本标准，而如果你是一个营利性企业的员工，你所创造的价值就是企业评定你的唯一标准，你能否为公司创造价值，决定了你自己对这个公司是否有价值。想在职场给自己谋得一席之地，就必须充分显示自己的价值，给公司创造尽可能多的价值。

从前有个瓦匠，心灵手巧，手艺精良，建造了不少精美牢固的房子，在业界获得了很高的赞誉，他的老板也非常器重他。

随着年龄的增长，瓦匠渐渐地不想再做事了，他告诉老板，要退休回家，跟妻儿老小去共享天伦。

老板舍不得让他离开，就再三挽留瓦匠，但看到瓦匠去意已决，就请他帮忙建造最后一栋房子。老瓦匠答应了，但做得心不在焉，活儿干得很粗糙，只想着应付做完就离开，最终他粗枝大叶地把这座房子建好了。当他建好房子时，他找到老板，跟老板说："老板，你要的最后一座房子建好了，我可以走了吧？"

老板注视着老瓦匠，把钥匙郑重地交给他，跟他说："你辛辛苦苦地在我这里干一辈子了，一直干得不错，这房子算我给你的奖励吧，现在它就是你的了。"

老瓦匠惊呆了，老板的态度是认真的，这座房子是他的了！回想自己建房子时的态度，老瓦匠羞愧难当。他一辈子建了无数精美的房子，却在最后留下这样一幢粗制滥造的房子给自己。

老瓦匠真的可谓"一世英名毁于一旦"，在他要离开自己岗位之前，他没有恪守自己的职业操守，没能坚持自己的职业道德，犯错也就不难理解了。他最终给自己留下一个"豆腐渣工程"，而他还得每天面对自己这失败的"杰作"。其主要原因还是输在了自己的定力上。如果你不想留下遗憾，在职场上就必须认真走好每一步，让自己的职业生涯完美收场。

面对日复一日大同小异的工作，我们总是会渐渐习以为常，这固然可以让我们在业务上越来越熟练，但如果你形成一种思维定式，遇到问题就只用一种方式应付的话，你就必须好好反思一下。我们必须养成自我挑战的习惯，使自己不会一直停留在可以应对工作的层面。只有永远高于工作的层面，你才可以在职场拥有更好的发展前景，因为你更优秀。

定力不是某种具体的力量，它与自我控制、自我约束的控制力，精益求精、锐意进取的精进力，不拘小节、大智若愚的智慧力，言必行、行必果的执行力，意志坚定、信念执著的意念力这五种人格力量紧密相连、相辅相成，这五种力量本身构成一种循环系统，首尾相连。在这些力量的历练中，我们才能逐渐练成大智慧，形成强大的定力，因此搞清定力与我们自身特质之间的关系，就成为了当下最为重要的一件事情。

（一）定力与控制力

控制力指运用控制手段达到稳定状态的力量，分为自我控制和对局势的控制和把握。

自我控制是对个人的管理。人只有先管理好自己，才能进一步管理环境、控制局势。管理自己，既需要控制自己的行为，更需要约束自己的内心，只有控制内心才可能控制行为，所以约束自己的内心更为重要。这种情况下，定力深厚才能控制好自己的内心，做到"随心所欲不逾矩"，才能最终完成对整个环境的管理以及对局势的控制。

虽然法律和规章制度可以对人有所控制,但无法打消人们的欲念和杜绝犯罪。只有自我约束、自我控制、自我管理,才能真正对人起作用,定力在其中具有无可替代的作用。

当一个人具有一定自我控制的能力之后,他才能借助目标组织、企业文化等各种有效的管理手段,控制和把握所处的局势,更好地加强人与人之间的沟通,更好地协调与平衡周围的关系,合理地配置和利用周围的各种资源,不为眼前利益所动,更好地借助自己内心深厚的定力,从大局出发,以大局为重,最终运筹帷幄地统管大局,决胜千里。

把这些管理控制手段放在个人管理上,也是一种不错的自我激励、自我奋斗的良好方法。

(二)定力与精进力

精进力指的是精益求精、锐意进取的行为力量,这也是人类发展的最强大的力量。家长期望孩子进步,老师教导学生拼搏,老板希望员工积极进取,都是精进力的表现。

"千里之行始于足下""逆水行舟不进则退",都需要精进力的作用。该如何做到积极进取并取得成就?日本著名实业家稻盛和夫提出过"六项精进"的思想:一是付出不比任何人少的努力;二是要谦虚,戒骄戒躁;三是每天反省自己;四是懂得感恩;五是多做善事;六是要理性,拒绝情绪化的烦恼。也就是说要积极努力,一步一个脚印地奋斗,才能达到精进的地步。

中国古代哲学家老子说:"天下难事,必作于易;天下大事,必作于细。"所有大事都得从一点一滴做起,只有克服懒惰、不思进取的思想和习惯,才能成大事。而人的天性是好吃懒做的,人要克服这些陋习,就需要强大的定力。

现代人竞争日趋激烈,很难凭一个人的力量单打独斗取得成功,所以在积极奋斗的过程中,还需要团结周围的人一起努力,才能有所成就。

一个人拥有强大的定力有助于增长他的精进力,而强大的精进力又能激发自己的定力,两者相辅相成,相互促进。

(三)定力与智慧力

定力的概念来自于佛教禅宗第六代大师慧能,慧能大师在《六祖坛经》中讲述了"定"和"慧"的辩证关系,法有二相,原本定慧一体,两者没有先后。当人心口如一，"定"和"慧"内外一致时，"定"就是"慧"；而如果人心口不一，"定"与"慧"两者内外不一，那么有智慧也不一定有定力。

从容淡定，看淡人生，追求内心的平静，就是一种人生智慧。如果没有定力，人们内心的贪欲就会越来越强烈，也就没有智慧可言，所谓的智慧也就是心机、计谋之类的雕虫小技，是难以与真正的大智慧相比的。所以说，定力是人生智慧的最高境界，真正的大智慧就是定力。

（四）定力与执行力

管理学的概念中，执行力指合理利用现有资源完成组织目标的能力。

强大的执行力，意味着不仅需要制订出切实可行的实施方案，然后把各种战略方案付诸实践，而且要在实践过程中不断改进方案和行动，最终实现战略目标。执行力包括了其他的各种力量，定力通过其他力量来影响和加强执行力，帮你冷静分析、理性思考、积极实施，最终取得全局的胜利。

对个人来说，执行力是一个人完成生活目标必须具备的能力。当我们确立了自身的奋斗目标之后，我们通过不断地自我观察、自我反省、自我纠正，持之以恒，最终就能达到人生的更高目标。

（五）定力与意念力

意念力指的是意志坚定、信念执著的力量，它能使我们的生活变得与众不同。

一件事做一两次可能新鲜，时间一久就容易让人厌烦，这时就需要意念力。人生的路途充满荆棘，也充满诱惑，我们如果想不畏艰辛，想要克制贪欲，不为利益所驱使，就需要坚定的意念力。而想要拥有深厚的意念力，就需要内心充满足够强大的定力，通过定力来认清事物的本质，坚定意志，不轻言放弃，也不偏执。

总之，在人际交往中，定力可以教会我们怎样为人，定力可以帮助我们摆正自己的位置，拒绝金钱、权力的诱惑，与他人进行情感、精神上的沟通与交流。

而在职场中，定力更具有十分重要的作用，它可以帮助我们冷静面对上司、同事、客户，给予别人热烈的掌声、必要的关怀、适当的沉默，学会对他人慎用批评，凡事都能先人后己，学会尊重、友善、鼓励、赞美、欣赏，用真诚的内心去感受他人。

　　我们需要具备全局观念，面对任何事都应当从容思考、从容应对。只有拥有深厚的定力，把局部的问题放在大局中考虑，才能使自己的利益最大化。

　　无论我们怎样说话、做事，都需要有足够强大的定力。这样才能成就完美的人生。

3.

学会情绪的自我控制

　　每个人在生活和工作中难免会遇到挫折，或许在别人的眼里，我们所遇到的挫折根本不算什么，但对于我们来说可能就不是小事，我们就会因此变得郁郁寡欢、怒不可遏或者痛苦难当。人的一生中，可以说无时不在与负面情绪做斗争，因为恶劣情绪严重的时候会影响到我们的工作和生活质量，甚至会控制我们的生活，所以，怎样遏制我们糟糕的负面情绪，学会对情绪进行适当的控制和宣泄，是一件十分重要的事。

　　我们身在职场，经历各种各样的事情，遇见形形色色、性格迥异的人，面对繁杂得让人头疼的文件，都是司空见惯的事。随着工作压力的增加，我们越来越感觉疲惫，情绪越来越无法控制。我们常常无端地感觉压抑或者发火，不时产生莫名的悲伤情绪。如果你真的有了种种不好的感觉，就必须自己留意了，因为职场无法让我们为所欲为，绝对不是可以释放情绪的地方，我们决不能让自己的不良情绪误了自己，做出一些冲动的傻事，影响了自己的前途。

　　俗话说："冲动是魔鬼。"如果这个魔鬼钻进我们内心，就会对我们的未来产生严重的破坏，造成我们花费很多心思也弥补不了的损失。

　　美国生理学家艾尔玛曾做过一个简单实验，他把一些空玻璃管插在装着摄氏零度冰水的容器里，把人们在不同情绪时呼出来的气体收集起来，用这种方法研究情绪对健康的影响。结果发现，人们心平气和时呼出的气体所凝成的水是无色、无杂质，看起来澄清透明；而如果人们情绪不好，呼出来的气体凝成的水会出现紫色的沉淀物。他们把这种带有紫色沉淀物的水注射到试验用的白鼠身上，几分钟后白鼠居然死了。由此可见，负面情绪的危害有多大。

从前，有个男孩脾气很坏。他父亲就给了他一袋钉子，跟他说：每次你发脾气或者跟人吵架时，就在院子的篱笆上钉一个钉子。头一天男孩在篱笆上钉了将近四十个钉子。随后的每天，他逐渐学会了控制自己的情绪，每天钉的钉子也越来越少了。他觉得，控制自己的情绪似乎也不算太难。终于有一天，他没有发脾气或者跟人吵架，因此一个钉子都没钉，他很高兴地跟父亲说了这件事。

男孩的父亲说："以后如果你一天没有发脾气，就可以拔掉篱笆上的一颗钉子。"

钉子终于被男孩一颗颗地拔光了。当男孩告诉父亲时，父亲让男孩看篱笆上有什么，男孩看到一个个钉子留下的小洞。父亲对男孩说："儿子，你做得很好，进步很快。但你看，这些钉子留下的痕迹，永远不可能复原了。就像你和一个人吵架，那些难听的话就会像这些钉子留下的小洞一样，在别人心里留下伤痕。如果你用刀子插进别人的身体，不管你怎么道歉，把刀子拔出来后，伤口也会留下伤痕。而心灵的伤害跟身体上的伤口一样。你的朋友是你宝贵的财富，你应该善待你的朋友，他们需要你的支持和帮助。这样在你需要他们的时候，他们才能向你敞开心扉，支持你、帮助你。"

这个故事不仅仅对孩子很有教育意义，对我们这些身在职场打拼的人也是一个很有价值的参考。在职场生活中，维护好人与人之间的关系是很重要的，如果这个时候我们不能有效地控制好自己的情绪，对身边的人任意宣泄，那么迟早会将自己置身于一个无比尴尬的境地。例如，有一位男同志早上上班时，不小心被出租车溅湿了鞋面，就把问候同事的事抛诸脑后，甚至同事打了招呼也爱答不理的；晚上下班时，和朋友到酒吧畅饮了一番，回到家，妻子问去哪里了，就感觉是妻子在责问自己是不是出去鬼混了一般，心里像堵了块石头，三五天平静不下来。这样的事情，一次还好，如果天天如此，不但别人会对你敬而远之，对自己的身心健康也是一种巨大的伤害。它会让我们天天生活在不满和愤怒当中，还会影响到我们工作和生活的质量，使我们不能理智地去判断事物，处理问题。

身在职场，同事之间的摩擦或者纠纷在所难免。英国阿伯丁大学应用心理学教授罗娜·弗兰的调查显示，同事之间的争吵等情况的出现，会让人在工作中出现更多失误，而且出错的人不仅是受到粗暴对待的一方，甚至对周围其他人也会有影响。比如看到同事发生争吵的其他人，也会情绪低落，可能会增加出错的几率，因此影响整个工作团队的工作效率。

美国情绪管理专家帕德斯给出的建议是，平时有意识地锻炼自己控制情绪的能力，学会自我控制，在情绪发作时就能拥有更好的自制反应能力。

怎样察觉和控制自己的情绪呢？以下几种情绪管理的方法可以给我们提供帮助。

（一）学会喜欢自己，认同自己

只有喜欢自己的人，才会学着去喜欢别人。

不要给自己太多压力，让自己经常处于安全、温馨、平和的心理情境，用欣赏的眼光来鼓励自己，从而产生积极的自我认同感和安全感。

要自由、开放地感受和表达自己的情绪，使我们某些原本正常的情绪能够正常展现，而不因为压抑而变质。

（二）把握好理智的尺度

当你心中感觉愤怒时，千万不要在这时候去找上司或别人，即使你对他的安排或做法感到不满。这种情况下，你很难正确地表达你的意见，很可能把事情搞得更加尴尬。就算你真的有什么不满或委屈，也要等自己情绪平和之后再说。你必须抑制住自己内心积聚的许多不满情绪，保持高度的理智。过于激烈的情绪，不仅让你很难清晰说明自己的理由，而且容易让对方认为你是在挑衅和人身攻击，这样无助于解决问题。所以我们一定要保持理智和冷静，遇事多思考，学着站在别人的角度上考虑问题，然后认真对待、慎重处理问题。

（三）分清抱怨的场合

心理学家曾经说："被别人当众指出错误，被说的人很容易恼火。而且他会更加固执己见，一心只想着维护自己的看法，即使他心里知道自己错了。不是那种看法多么珍贵，而是因为他的自尊心受到了威胁。"所以，当我们需要宣泄自己的情绪时，一定要分清场合。跟老板、领导或同事有了分歧，也一定要尽可能在私下里沟通，而不要在公开场合表示自己的不满。这样做不仅能给自己留有余地，也有利于维护别人的尊严，不至于使自己和他人陷入被动和难堪。

（四）学会乐观地面对生活

积极的情绪体验能够激发我们的潜能，让我们保持旺盛的体力和精力，同时维护我们的心理健康；消极的情绪体验则容易让人变得意志消沉。

积极地面对人生，即便是处在困境中，也要有克服不良情绪的决心。乐观的心态能够帮助我们控制自己不良情绪的产生，同时也有助于我们保持良好的情绪，这对我们的一生都将有积极的影响。

（五）寻找适当的方式疏解、宣泄情绪

人在精神压抑的时候，如果不能寻找到发泄的途径，便会导致身心受到损害。所以，当负面或者恶劣的情绪已经产生，就需要寻找适当的方式疏解、宣泄情绪。有很多方法可以采用，比如听音乐、去健身房、找人诉说、大哭、散步、购物或者逼着自己做其他事，都可以疏解、宣泄情绪，这样做的目的是为了帮自己理清思路，放松压力，让自己有更积极的心态面对未来。

必要的时候，学习一下阿 Q 精神也是一种宣泄。凡事别想太多，否则就会越想越烦恼。与其把一些事想到最坏，不如告诉自己"最坏也就这样了，还能怎么样呢？"你反而会觉得轻松了。

事实上，在我们的内心深处都有自己最脆弱的一面，但是假如我们能够勇敢面对自己的不良情绪，想清楚为什么，该怎么做，就能开心起来，就不会造成更大的伤害,就能不再重蹈覆辙。想清楚这些,就能学会控制自己的情绪,不被负面情绪所左右。养成及时疏解、宣泄情绪的习惯,会减少坏情绪大爆发的可能。再加上情绪发作时做深呼吸、换个角度看问题等措施,我们一定会成为情绪自控的高手,不让坏情绪影响我们的工作和生活。

4.

准确分析,思路清晰,才能步步为营

　　有人总结出一个公式:成功＝勤奋的工作态度＋清晰的工作思路。工作思路是我们在某个阶段或时期内,指导我们工作进展和事业发展的方略大计,它应该具有科学性、预见性和引导性,才能对我们最终完成工作和事业发展提供切实可行的指导作用。确定工作思路,应该依照事物的发展规律来确定方向和目标,而不能把现实当作一个静态的东西。

　　每一个人,都有自己做事的独特思路,有人目标明确,思路清晰,脚踏实地,就能取得很好的成绩;有人浑浑噩噩,没有明确的目标,虽然有清晰的思路,又不愿意一步一个脚印地努力,总希望有什么捷径可以一步登天,这样的人就很难取得好的结果。

　　　张山只是一个没有受过太好教育的农民,但他踏实肯干,谦虚好学。他承包了一大片果园,夏天午后的树下、雨天的屋檐下、冬天的炕头上,都能看到他在看书。果园里小房间的墙上挂着一块小黑板,随时都能看到张山写着醒目的工作内容,而且这些内容随时更新:什么位置的哪些树该修剪了,哪些树需要浇水施肥了,还有哪些树该采摘了……这些内容在他的小黑板上写得一清二楚。

张山每天清晨天一亮就去果园，中午就在果园里吃点儿带去的馒头咸菜，傍晚太阳落山他才从果园回家。他的辛勤工作和清晰的思路，帮助他把家徒四壁的家变成了小康之家，两个孩子被他培养成了一个大学生和一个教师；他自己也从一个之前不被人关注的人，成为大家心目中的致富带头人，被大家推举做了村长。

黄先生是一个大型连锁超市的生鲜大类主管，他也没有受过太好的教育，不会电脑。这家超市生鲜大类有五十多家供应商，每个供应商每个月每种单项商品的销售情况汇总表和销售分析，供应商及产品的销售排名，黄先生都是靠计算器一笔笔算出来，写在他自己用再生纸做成的工作笔记上，每个字写得十分清楚而有力。而他的办公室，虽然很简陋，但文件类别都十分清楚地贴着标签，划分得清清楚楚、一目了然，五十多个大大小小的供应商的不同类型的文件，需要哪一家的什么文件，马上都能找出来。而且他们这家店，在这个连锁超市的几十家分店里，生鲜产品的销量总是遥遥领先，这与黄先生的工作态度、工作热情和工作思路是分不开的。

以上两位，都是我们身边普普通通的工作者，他们让我们看到，只要我们有积极的工作态度，再加上清晰的工作思路，就可以达到自己的工作目标。

怎样在工作中按照不同阶段理清思路呢？以下方法可以帮助我们：

(一)分析阶段

这个阶段是一个知己知彼的过程，包括对自己的把握和对事情的控制。此阶段的能力取决于一个人知识面的宽窄，以及他是否善于多角度看问题等。

术业有专攻，有人在自己熟悉的领域就富有想象力，对自己不熟悉的领域就没有头绪，这就是知识面的问题；而有些人喜欢单刀直入，就容易存在片面的问题。

考虑整体目标,总共有多少事情要做(how),这些事情需要什么时间开始做、什么时间能够结束(when),谁负责实施(who)——这是三 W 分析法。然后再把整体目标分解成阶段目标。

这个阶段主要是把事情的总体思路理顺,不需要考虑其他细节和困难,资金够不够、谁愿意不愿意做事等等,都无须考虑。

(二)逻辑阶段

需弄明白完成整体目标所需要的最重要的几个工序是什么,仔细分析得出的各个要素,并理清各个要素之间的逻辑关系。这些要素里面有不同的逻辑关系:有先后因果关系,有主次关系,有矛盾关系,等等。这个阶段是把前一阶段的分析划分出轻重缓急。

这种逻辑能力和一个人的经验、知识以及是否具备正确的哲学体系有关(这种哲学体系有一定的天赋和经历因素,不一定是读书多少的问题)。

有些人不注意锻炼自己的逻辑能力,虽然分析问题很周到,但好比一间房堆满了书却没有归类,会造成看问题没有重点的情况。

(三)抉择阶段

这个阶段是解决问题的阶段,需要对行动计划的具体步骤做出选择或放弃,最终做出决策。这个阶段需要坚决果断的取舍能力和很强的原则性,找到疑难问题及解决办法,完成任务中的难点,同时必须借助于前一阶段清晰正确的逻辑,否则会错得更多。

这个阶段的问题都是很实际的问题,人的问题、钱的问题、时间的问题……解决的办法,一个是自己想办法解决;二是求助于相关的责任人;三是求助于领导。而你的解决方法一定要准备好上中下几套方案,才算完善。

无论我们做什么,只要我们把问题按照这种条理去划分清楚,就可以很轻松地处理很多难题。

有些人在某个阶段的能力非常强,但某个环节表现很弱,这是木桶原理中的短板问题,如果不能解决好,就会影响整体的结果。比如有些人能说会道,分析问题很透彻,但缺乏第二阶段的逻辑能力和第三阶段的果敢性格,最终做起事来很失水准。

　　每个人都有自己的优点和缺点，可以有意识地根据自己的弱项，有的放矢地学习提高自己的能力，当然这种提高需要持之以恒才能见效。

　　当我们在职场中陷入困惑迷茫时，我们希望得到别人的帮助和指导。如果没有合适的人可以帮助我们的时候，我们不妨对自己提问，以下十个问题，可以帮我们理清思路。

　　（1）我在做什么

　　在公司里，每个人都有自己的角色，不在于你是谁，而在于你是做什么的。只要你对你的工作充满热情，并且时刻记住你的工作职责就够了。

　　（2）我该怎么做

　　很多人习惯于按照惯性去做工作，当你对工作的进展不满意时，就需要冷静思考，你应该用什么样的方式去做事，在你没有采取不同的方式之前，事情不会有所改变。

　　（3）我做得对吗

　　应该建立正确的职业道德和工作态度，这决定了你做事的结果，否则有人明明知道什么是正确的，却会选择错误的做法。

　　（4）我时间不够吗

　　不要抱怨白天没有足够的时间做完所有事情，你只要完成当天的工作就足够了，明天再做明天的。

　　（5）可能发生的最糟糕的事情是什么

　　你感到紧张的事情，就是你需要做的最重要的事情。问自己这个问题会帮你辨别你的紧张和恐惧是否合理。

　　（6）我做得怎么样

　　有很多专业人士可以做出各种评估，似乎可以回答这个问题。但如果你问你的同事和手下这个问题，他们不想回答的时候，你就该知道，你的工作或者管理方式出问题了。

　　（7）我的价值在哪里

　　这个问题，换种问法就是我怎么帮助我的老板、公司、客户或者周围的人？如果我们自己都找不到自己的优点，老板为什么要给你付钱呢？！

　　（8）到底是怎么回事

　　经常问自己这个问题，就会带给自己机会，而机会会带给你好运，好运会帮你创造未来。

(9)我是否正在浪费我的时间和精力

太多的东西、信息会分散我们的注意力,影响我们工作的进展,比如智能手机、游戏 、论坛、Twitter、博客、视频、Facebook,等等。常问自己这个问题,可以避免你陷入这些耽误太多时间的事物里。

(10)我有希望吗

一旦确信你做的是正确而有意义的事情,你就坚持做下去。很多人只想走捷径,这样的结果不会有希望的。另外,如果你是领导,需要性格果敢、思路清晰、言语简洁准确,才能得到下属的拥戴。那些说话没有条理、思路混乱、不知所云的领导,是最让下属厌烦的人。

如果你希望下属明确你的要求、丝毫不走样地执行你的命令,那么命令简单而准确是绝对必要的。人生就像一场考试,慢慢理清头绪,才能达到思路清晰。当你学会把事情一件件踏踏实实地做好时,你才能步步为营,按照既定的发展目标走下去,最终取得你期望的成功。

5.

吃一堑长一智,修正错误有助于明天的成功

常言道:人非圣贤孰能无过。我们每个人在工作和生活中,由于主观问题或者客观现实的影响,难免会犯这样或那样的错误。但所有的错误,都不一定只是一无是处的坏事。如果我们经历过某种错误之后,能够吃一堑长一智,懂得从错误的经历中汲取经验和教训,学会更多的人生知识,那么错误也会是一种收获,会帮助我们取得明天的成功。

人生就如同我们开车行驶在路上。如果我们完全不懂交通规则,开车出门就会错误百出。我们开车闯红灯,没想到会有问题,但被罚了款,我们就会知道,开车不能闯红灯,下次再也不敢这样做了。然后我们开车上了高速路,我们以为高速路就是越快越好,但这条高速限速 120 公里/小时,我们不懂得必须看限速标志,结果因为超速被罚了款,于是我们知道了,高速路还是有速度限制的,下次一定要记得留心看限速标志。这样,我们不断因为各类交通违章而被罚款,于是积累了很多的交通经验,知道必须遵守规则,有些事情可以做,有些事情不能做。最终,通过系统的学习,获得了丰富的经验和智慧。

在职场的路上,我们也是通过各种失误或错误,不断地总结经验和教训,向周围的老板、同事们学习,一步步成长进步的。

很多时候,有人会为自己的失误辩解:这么芝麻大点儿的事,犯得着那么认真吗?但常常就是芝麻大的事,导致工作出了很大问题。

王欢大学毕业后进了一家私营外贸公司从事行政工作,她从第一天上班起,就抱着很大的热情,从一点一滴很琐碎的小事做起。复印、传真、打电话、接电话……尽管她小心谨慎,但还是因为一时疏忽,不幸出了差错。

有一个周五下午,王欢拿着在公司提前准备好的对外付汇材料到银行,想在下班之前把钱汇到加拿大客户那儿,当时王欢认真检查了汇票上的金额、日期和合同、发票,确信一切都没有问题,就交给银行工作人员,经银行方面审核后,按照规定程序办理了购汇付汇的业务。

但没想到的事,星期一上午一上班,总经理就铁青着脸,让人把王欢叫到了办公室。总经理上来第一句话就是问王欢:"你星期五给加拿大那笔付款,账号是多少?你告诉我!"

王欢马上意识到,账号是不是出问题了?但不会啊!加拿大方面的账号,是对方用短信发给王欢的,但总经理既然这么说,是不是自己漏了什么?!王欢一检查,结果发现,她在从手机上往下记录加拿大客户的账号时,那组数字的最后一位正好换页,王欢没有看完短信,所以因此漏掉了末尾的最后一个数字。因为账号写错了,导致资金没有及时到账,没有及时付款给客户,侵害了公司信誉,也给公司造成了一定的经济损失。王欢为此感到很自责。

总经理冷静下来以后,马上让公司主管领导带着王欢去银行沟通,还动用了公司的各种关系,通过多方面和银行沟通,终于在最短时间内把钱补汇到了加拿大客户的账户上。

通过这件事,王欢得到了一个经验教训,有时候即使你付出了 99％ 的努力,但也许就是 1％ 的疏忽,就会让你那 99％ 的努力全都白费,甚至可能是负数。这是职场生存的法则之一。

王欢内心里很感谢公司老板和领导的宽容,为了让自己时刻牢记这个教训,她把写错账号的付款单贴在工作笔记上,每次打开工作笔记,就提醒自己——"责任"二字千斤重,切不可大意!

我们在工作中,常常会听到一句话:"风险是可以控制的。"错误本身也是一种风险,它的危害不仅仅是像驾车违章被扣分那么简单,但对风险的控制,跟驾车是同样的道理和方式。"吃一堑,长一智"是中国长久流传的一句老话。堑,原本指陷坑,比喻挫折。这句话的意思是,遇到一次挫折,如果能够从中接受一次教训,就能因此增长一分才智。

挫折和失败是任何人都无法躲避的东西,尤其是年轻员工,因为缺乏工作经验,出现工作失误是在所难免的,甚至可能给工作带来一些被动局面。但如果因为失误和挫折就丧失了信心,甚至严重影响自身的成长和工作的开展,是不足取的。

我们应该想到,"吃一堑"是经历挫折,但并不等于是失败。因为挫折和失败,让我们从中取得了经验教训,变得更加聪明和睿智,并能努力地去寻找通向成功的道路,朝着成功前进。我们应该正确认识自己所遭受的挫折,多从主观上寻找问题出现的根源,要有直面自我、敢于剖析自我的勇气,多听取领导的建议和批评,跟身边的同事多交流沟通,多向他们学习请教,就能够走出不愿正视错误、也不肯从自身寻找原因的误区。

在"吃一堑"以后,我们还得学会从失误中寻找原因,总结经验教训。经验是我们取得工作成功的启示,教训可以帮助我们反思自己的工作失误，从而发现自身不足，然后完善自我，提升自我，避免发生同样的错误。

我们"吃一堑"之后，不光是要"长一智"，更应该举一反三，积极寻找问题产生的根源和解决问题的方法，就能在遇到同类问题时，用正确的方式方法解决好，就能增长更多的智慧，让每一次失误都成为我们成长进步的动力。

在面对别人"吃一堑"的时候，我们应该以宽容的心态，去看待他人的过失和错误，绝不能在别人犯错时幸灾乐祸，而是应该在别人的失误中，借用、分析、总结别人的经验、教训，认真对照自己的工作状况，反思自己是否存在类似问题和隐患，防患于未然，及时制订出相应措施，在别人的失败教训中增长智慧，帮助自己尽快成长。"吃一堑"，不论是自己之"堑"，还是他人之"堑"，都是我们学习进步的阶梯和财富。

我们可以在以下方面多留意，多学习，就能避免工作中原本可以躲开的"陷坑"，避免"吃一堑"的错误。

（1）全面系统地学习

对于工作中我们不擅长又必须经常接触的领域的知识，必须全面系统地学习。比如你原本是学习计算机的，来到一个机械公司，你就必须从头学习有关机械方面的知识。我们学习的老师，一个是书，一个是我们身边的老板和同事。如果一个人想要获得更多的经验，全凭自己去摸索，需要花费太多的时间。书是经验的捷径，我们可以通过书本获得别人无限的经验；而周围的老板、同事、很多人也比我们更有实践经验。从书本和他人身上，我们可以学会很多的智慧。

（2）制订周密的计划

俗话说："凡事预则立，不预则废。"无论大事小事，对人对事，我们都应该养成做好计划的习惯，分清事情的轻重缓急，还要学会给自己的计划预留时间。比如你计划周五下午去见一个重要客户，约定的时间是下午三点，路上的时间需要一个小时。正常情况你两点钟出门就可以，但考虑到路上可能遇到堵车或限行、封路、事故等交通意外，你就必须给自己预留够充足的时间，才能保证按时抵达客户公司，给客户一个守时守信的良好印象，你就必须比计划时间提前20分钟甚至根据情况更早地离开公司。

有人说:"计划赶不上变化,没办法。"这不是该不该计划的问题,而是计划的内容出了问题。因此,凡事制订计划,而且计划越详细、越周密越好。而且要学会预见可能产生的困难,然后针对这种困难去修正你的计划,给自己预留时间,提前做准备,我们犯错的机会就会减少。

(3)保持高度专注和全面自律

当我们制订了周密详细的计划之后,在执行的过程中,要保持高度专注和全面自律,按计划完成工作,不要拖拖拉拉或轻易放弃。有时候我们计划好今天要完成的工作,因为不够自律和天生的惰性,我们可能就会放松自己,就会很自然地想:"我今天太累了,这事今天是完不成了,明天再做吧。"过了一天,可能又因为情绪不好,又想着:"明天再说吧,我今天没心情。"到了第三天,可能又有这样那样的情况,最终这件事就彻底被忘却了。

为了避免出现这种状况,除了首先必须预留时间之外,一定要在计划时间内完成工作,即使当天真的有意外不能完成,第二天处理也不要影响工作进程。更为重要的是,必须有专注和自律的精神,不允许自己随意找借口,拖延原本可以按期完成的工作。

(4)保持良好的心态和情绪

每个人都有各种各样的情绪,有的积极,有的消极。我们应该在工作中,尽量保持良好的、积极的心态和情绪,控制自己的不良情绪,比如愤怒、悲观、郁闷、压抑、害怕、紧张、消极、急躁、膨胀、自满、自卑、鄙夷等。我们可以尝试学习各种控制不良情绪的方法,比如觉得压抑、情绪低落,我们可以找点高兴的事去做,问自己:"我如果高兴一些、积极一些,是不是比我目前这样更有助于工作的开展和问题的解决?"或者是"如果我更积极一些,我能否找到更好的方式去面对目前的处境?"良好的心态和情绪有助于工作难题的解决,我们每个人都能够找到适合自己的解决问题的方式方法。

(5)越大的事情计划越周密

在计划一项重要或重大的工作前,需要做出更周密细致的计划,在正式执行计划之前,还需要不断整理和调整计划,提前检查还有哪些疏漏,需要补充什么样的细则,用最好的心态、最好的状态,做好充分必要的准备和计划，就能减少出错的可能。

我们的工作经验和社会经验来自于我们的工作经历和人生历练，任何事情，只有亲身经历过，才能有更深刻的感悟和领会。经历越丰富，你的人生阅历和你的社会经验也就越丰富，也就能够从中获得更多的智慧，这就是我们从工作中、生活中取得的宝贵的人生财富。

不管做任何工作，要想取得成功，必须有更强的实力作为保障，这既包括了不步入陷阱的能力，也包括了从陷阱中脱困的能力。我们的态度很关键。要有坚持不懈的积极学习的态度，才能在各种经历中不断总结经验教训，取得更辉煌的成就。

第四章
心怀感激，公司永远是自己的职场恩师

在职场中，除了提高我们的综合素质和能力，还有更重要的一项任务，那就是学会心怀感激。感激的本质意味着尊重。感恩既体现了对自己的尊重，也体现了对团队中其他人的尊重。身在职场，有尊重就会有敬畏，因为尊重本身也是一种敬畏的表现。而敬畏是产生职场秩序最有效的基本条件，因为敬畏使这个职场秩序有了内在约束，从而使秩序有了现实意义。无论是企业的运作，还是一个团队的合作，都需要有它的秩序，我们在这个秩序之中成长，成熟，逐渐成为一名合格的职场人。所以，我们需要心怀感激，去建立和遵从这种职场的秩序。心怀感激，不仅是个人在职场中发展的正确态度，也是维持职场秩序和发扬团队精神的正确态度。

1.

感激公司带给你的每一次机会

我们都知道，一份工作就是一个机会。我们可以对路上给我们指路的陌生人报以诚心的微笑和感激，我们却时常对我们的工作充满厌烦，对我们的老板充满怨气。我们为什么不可以换一种心态来看待我们的老板呢？我们应该感谢他给予我们工作的机会，让我们的才能得到发挥，给我们一个平台让我们施展才华，当然我们也应该感谢他给予我们挫折，让我们在挫折中得到成长，感谢工作中我们所能得到的做人的道理。当我们用一颗感恩、宽容的心来对待老板的时候，老板也能从我们的态度中感受到我们的心，也会更加善待我们，我们的前途才会更紧密地跟公司联系在一起。公司有更好的发展，我们也能从中得到更多的收益和回报，前途才会更加美好。

每个人如果想在工作中有所作为，得到我们认为应有的回报，实现自身的价值，首先就必须对自己所承担的工作负责，必须用令人满意的"工作绩效"来证明自己胜任这个工作岗位。

有很多人没有工作的时候，为了找到一份工作，不惜降格以求，只要是差不多的工作就接受了。但当他们得到一个工作机会以后，却一次又一次地放弃自己的工作，不拿自己的工作当回事。他们认为工作唾手可得，因此不值得自己花费心力去努力，也不去思考为什么老板用了自己而不用别人。他们似乎觉得，老板用了我，我给老板创造价值，才能够让公司蒸蒸日上。如果我不好好工作，消极怠工，公司也就会停滞不前，老板也无法创造价值了。

78

我们应该清楚的是，任何工作都不是为我们某一个人而设定的。世界上的任何公司，都是先有工作任务，然后有工作岗位，然后才会有适合这个岗位的人。如同我们要盖一座房子，先有这个目标，然后才会产生房屋设计师、建筑师、工人等工作岗位，然后，根据需要找到合适的人。有些人认为工作可以轻而易举地获得，因此在工作中浑浑噩噩、好吃懒做、投机取巧，对工作完全没有责任心。他们中的有些人不是在认真工作中寻找机会，等待公司的重用，而是完全寄望于投机取巧，希望以此来获得更多更好的机会；有些人用应付的态度对待工作，却希望得到老板和领导的赏识，如果没有得到，就抱怨别人不能慧眼识英雄，或慨叹命运对自己不公平。这样的人，不懂得工作不是为他设定的，不珍惜工作，结果只能是自己丢掉工作，这是人类社会优胜劣汰的规则。

张莉是一个应届毕业生，她曾经多次在某家大报社实习，在报社老师的指导下，她做出过一些不错的选题，得到了报社领导和指导老师的肯定和赞扬，因此，她对自己的前途充满信心。她觉得自己毕业后理所应当可以进入这家大报社，成为一名优秀记者。

临近毕业时，张莉联系该报社表明了自己想去工作的意愿，但报社回复说目前他们没有招聘计划，让张莉可以先做实习，等有机会再转正。张莉觉得这是歧视新人，或者是因为自己是女生，因此不想继续实习。

不久后张莉进入一家新杂志社，很受重视，而且一进入工作就全程参与了一个大型活动。正当张莉踌躇满志、想要大展宏图的时候，由于抢了别人的选题，张莉与主管领导发生了激烈冲突，领导当面说了一些很难听的话，张莉觉得他们欺负自己是新人，嫉妒自己能干，一气之下就辞职了。

事实上，几天前张莉已经找了另一份工作，因为她觉得这家杂志社新成立，没什么影响力，不正规，所以她接着就进了后一家很不错的杂志社，她的几个选题有的被编辑表扬，有的没有通过，这样又让张莉觉得自己被歧视了，觉得他们不欣赏自己的才华，又一次辞职了。

　　然后张莉进了一家专业报社,没过几天张莉觉得自己的专业不对口,被专业编辑歧视,而且又是个小报社,指导老师不像实习的大报社那样会带她,没过多久,再次辞职了。

　　最终她还是找了一家报社,还是个不大的小报社,专业依然不太对口,张莉很不想干,但是就业压力越来越大,张莉依旧抱着骑驴找马的心态,依然抱着想进大报社的理想……

　　我们每个得到工作机会的人,都应该在心里充满感激,感激公司和老板使我们拥有了工作,从中提升了自己的能力,获得了宝贵的工作经验,得到了工作的乐趣。

　　因此,当我们获得一份工作的机会时,我们就必须为工作负责。如果我们想永远保持住这个机会或者升到更高的位置,我们就必须对自己负责,不需要没有实际意义的高谈阔论。只有拥有对自己、对工作负责的责任心,才能不在工作中浑浑噩噩地混日子,才不会计较拿了多少薪水、干了多少活,也才能用智慧和辛勤的劳动来提升自己,才会有相对稳定的工作,我们的事业才会有所发展。

　　一位刚进入某公司工作的新员工,给他的老板写下了这样一封信:

　　我怀着真诚的心给您写这封信,感谢您一年以来对我的教导和栽培,使我学到了很多在其他地方都无法学到的知识和技能。

　　在这一年里,您的博学多识和您对员工的宽仁厚爱,深深影响着我。在您的谆谆教诲下,我增长了见识和阅历,丰富了专业知识,强化了工作技能,还明白了很多做人和处世的道理,渐渐地成熟了起来。并且我还用您对我的这种影响,来影响我周围的人,让我在工作和生活中多了很多值得我骄傲和自豪的东西。

　　您是我走入社会之后,真正意义上影响我最深的人,像我父母一样深深影响着我。您的学识渊博、胸怀宽广、诲人不倦以及您对工作认真负责的态度,会让我今后无论走到哪里都永远难忘,我都将永不会忘记您对我无比的恩情。

现在的我还无法报答您对我的恩情，只能用这一封信函表达我真诚的心意，谨以最高的敬意和真诚献上我本人对您的感激之情！

人生充满了变数和发展，我们每个人不一定只做员工，也许某天，我们自己也会成为老板。因此，只要我们做一份工作，就应当把自己当作老板一样，抛开私心和借口，投入自己的忠诚和责任心，全力以赴、尽职尽责地面对我们的工作，把自己的身心彻底融入公司。在工作的过程中，处处为公司着想和考虑，钦佩老板敢于承担风险的勇气，理解管理者所承受的压力比我们更大，体谅他们的某些不足。

员工和老板的关系并不仅仅是简单的雇佣关系，阶级对立的年代早已过去，我们跟老板应该建立一种互信、互利的关系，共同创造价值，共同分享经营成果。

有些人作为公司的员工，当他们在事业上取得了骄人的成就时，谈及自己成功总是归结于自己个人的努力。一个人的成功固然离不开个人的努力，但也离不开他人的帮助。在我们努力工作的同时，我们的老板、我们的同事一直在帮助我们，当我们从普通一员变成一个优秀的人的时候，我们应该感谢帮助过我们的老板和同事。

想想看，我们的每一个工作环节，哪里没有别人的帮助呢？我们的工作是老板提供的，我们所用的工作设备和材料，小到一颗图钉、一张纸，都是别人提供的……只要我们稍加留意，我们就会发现很多我们没有留意到的帮助和支持，我们难道不该感谢别人的恩惠吗？

工作的雇佣和被雇佣关系，从本质上来说，的确是一种契约关系，但同时也是合作和彼此依存、各取所得的关系——老板给我们提供工作，我们因此得到老板支付的薪水；老板也依靠我们使公司正常运转经营。应该说，没有老板，就不会有我们的工作机会，从这个角度来说，老板是有恩于员工的。那我们为什么不告诉老板，感谢他给我们提供的工作机会、感谢他的提拔和培养呢？我们为什么不感激同事，感谢他们给我们的理解、支持和帮助呢？

当我们付出真诚的感谢，我们的老板也会感受到我们的心，也许会用某种方式表达他的感激——也许是更多的薪水，也许是更多的信任和更多的提升（虽然我们并不为这种目的而感谢老板）；而我们的同事也同样能感受到我们真诚的谢意，因此也会更加乐于和我们友好相处，给我们提供更多的帮助和支持。

就像训练有素的推销员在遭到拒绝后，仍然真诚地感谢顾客给予自己提供服务的机会，这样顾客就会被他的诚意所感动，推销员就有了下一次顾客惠顾的机会一样，我们也应该把感恩的话经常说出来，我们所获得最大的好处，就是可以增强公司的凝聚力。

感恩不是虚情假意的溜须拍马和阿谀奉承，而应该是真诚的、自然的、不带功利性、不求任何回报的情感流露。

我们不应该惧怕他人的流言蜚语而刻意地疏远老板，内心坦荡的感激，足以证明我们自己的清白。我们也应该相信，老板能够注意到我们的感激是发自真心，他们很高兴我们这样的态度，因为这对老板来说，是一种认同、支持和激励，他们也会从心底感谢我们。当我们有朝一日做了老板，当员工流露出真诚的感激时，我们也会倍感欣慰。

一个人如果只懂得接受别人的恩惠是内心贫乏的表现，而懂得感恩是富裕人生的开始。即使我们的努力和感恩并没有得到相应的回报，也不必心存抱怨，而应该依旧怀着感激之情，感谢我们的工作给予我们很多宝贵的经验与教训。

我们不一定知道谁挖井让我们有水喝，挖井人不图我们的回报，但我们也应该心存感恩。我们拿到的薪水就像我们喝的水，我们应该在适当的时候对老板表示感谢。当我们得到了晋升、加薪的时候，我们应该感谢老板的赏识和独具慧眼；当我们面对失败的时候，也不妨心存感激，感谢工作给了自己一次锻炼的机会。当我们将感恩的心态带到工作中，我们就会因为自己是公司的一员而感到欣喜，而且会更忠诚、勤奋地工作。

知恩图报的人才会有所作为。感恩是一种不需要额外付出的投资，只要我们怀着真诚的心去感恩，就会带来意想不到的收获——谦逊的人格魅力会让我们更被他人接受，无穷的人生智慧会不断开启，我们的人生将会更加辉煌。

2.

不管怎样离开，你永远是经历的受益者

有人说，离职是一件浩大繁琐的工程。一旦提出了离职的员工，满脑子想的就只有"离职"两个字。怎么处理好离职的事情，在老公司画上一个完美句号，是件很不容易的事情，处理得好，也许能帮我们在新公司赚得漂亮的第一印象。因为俗话说"山不转水转"，职场上的事谁都说不清楚，你打工的前后两家公司的老板或许会有合作，也或许是高尔夫球友；或者新公司的某位同事跟你的旧上司是亲戚……怎样才能算是有一个完美的离职？站好离职前的最后一班岗，最主要的任务就是把接班人培养起来，然后充满感激地离开。美好的结束，才能带来一个美好的开始。

我们在一个公司的日子里，总会得到周围很多人的帮助，让我们可以迅速地成长，可以开心地工作，我们会为共同解决了某个难题而开心，我们会为老板给我们加薪而一起庆贺，虽然偶尔也会出一些这样那样的小问题。

每一个面临离职的人应该想到，我们将要离开的这家公司在你需要一份工作的时候录用了你，让你不至于失业在家，给了你锻炼的机会，培养、造就了如今的你，即使你对工作有不满意的地方，也应该感谢公司曾经对你的帮助，让你已经在无形之中得到了提升。同时，我们也必须想到的另一方面是，所谓人走茶凉，毕竟是我们要离开公司，对于公司来说是某种损失，再大度的老板也会为员工的跳槽而心存不快。我们必须抱着恭敬和诚恳的态度，用诚恳的言语和恭敬的行为，真正得到公司领导的体谅。只有站好最后一班岗，为公司尽最后的力，才能真正得到领导、同事和客户的理解和认同。

陈飞是一个将要离职的员工，他在光华公司工作三年了。

从一个应届毕业生成为一个独当一面的技术能手,陈飞在光华公司学到了很多,他自认为在光华公司三年学到的东西有些人三十年甚至一生都学不到。他从生产线的实习生开始,了解生产流程、产品的功能,以及工具的使用等,到他负责管理公司设备;他的同事们都很团结,教他一些他所不擅长的电子方面的知识,帮他轻松胜任工作;在他的工作做得不到位或者不对的时候,他的领导也都是很耐心地告诉他,应该如何有效地处理问题。

光华公司的企业文化让他铭刻在心,公司丰富多彩、有声有色的各种活动也让他历历在目:每年一次的演讲比赛、拔河比赛、消防演习、板报评比、卡拉 OK 比赛、春节晚会,每月一次的口号评比,每周一次的宿舍卫生评比……

他以自己是光华公司大家庭的一员而感到自豪,他以光华公司为荣。

在离开之前,他给公司领导及全体同仁写下了一封饱含深情的告别信。在信中,陈飞写到:

"在光华,我完全变了一个人,我知道了自己是谁;

在光华,我学会了做人的道理,体会到了帮助别人的快乐;

在光华,我知道了什么是团结、互助,懂得了沟通协调的深刻含义;

在光华,我拥有了更大的自信和对他人的信任;

在光华,我找到了自己的归属,拥有自己的一片空间;

在光华,我学会了换位思考,学会了理解和宽容;

在光华,我拥有了家的温馨和温暖,找到了人生的航线;

现在,我因为个人原因只能选择暂时离开光华公司,我衷心地祝光华公司这个温暖的大家庭所有的兄弟姐妹们身体健康、生活愉快! 也许在不久后的将来,如果有机会,我还会再回到这个大家庭的。

我坚信一句话:今天,我以光华为荣;明天,光华以我为荣!"

在即将离职的时候,是最能看出一个人对工作的责任感的时候。如果一个人离职时，能让自己经手的工作不留下任何瑕疵地顺利进行，就能体现出他对同事的尊重和理解，对工作的尊重和负责，更为重要的是，给自己留下一个好名声。

如果接手工作的人什么都没有弄清楚，会对他的前任有多么糟糕的评价。可想而知，职场其实是个很小的天地，尤其如果是在同一行业中转职，有关你的评价也许很快就会传到你的新公司里。如果离职的工作处理得不是很漂亮干净，难免会对下一个工作造成不良影响。所以，即使你对原来的工作环境有多不满意，也必须在离职时交接清楚，这是作为一个好员工的基本修养。

即使我们选择离职，也不能不管不顾，马上甩手走人。顺利度过在公司的最后时期，是对曾经工作过的公司和领导的尊重、负责，也能让人看到自己的格调。以下几方面，可以帮助你把离职做得完美漂亮。

（1）好聚好散

无论之前有过什么样的不愉快，都别对曾经的老板满腹牢骚，也别做任何有损于你即将离开的公司的事，也不要对离职表现得洋洋得意或者兴高采烈。即使不能冰释前嫌，也别在走之前火上浇油。毕竟大家曾经共事一场，也许还将在同一个圈子中生存，最好云淡风轻地安静走掉。很多公司对新员工进行背景调查，已经成为一项重要环节，所以也许你计划进入的新公司会向你的前任老板或同事了解你的工作表现和人际关系，如果你离职期间表现糟糕，可能会影响你在新公司的求职。

（2）别得意忘形

不要以为找好了"新东家"，就忘了"旧东家"的好处，流露出厚此薄彼的表情。无论如何，曾经的工作经历你都学会很多，你的前公司老板培养你一场也不容易，做人不能忘本。应该尽可能通过耐心解释，用诚挚的态度争取原公司的理解和支持。

（3）处理好该处理的问题

如果你跟前公司有某些具体问题尚未解决，而且这些问题可能影响到你的继任者，最好在离职面谈时处理好此事，不要把你的个人感情公之于众，应该用客观、专业的方式去处置。

（4）不搞"突然袭击"

绝不能在原公司毫无准备的情况下擅自离职，这样会让你违反了《劳动合同法》的有关规定,而且是一种很不道德的行为,会给原公司造成被动局面,甚至造成不必要的财产损失。一个有良好职业素养的人,理应在离职前告知原公司,让其做好交接工作的准备。

(5)让最后的交接工作漂亮完成

确保自己离职前将公司的所有有形资产和无形资产都移交给你的上司和相关部门,将目前正在从事项目的进度以书面形式汇报给你的直接领导,并交接清楚,包括人脉网络、经营谋略、工作范本等。离职者应尽可能保证顺利交接,尽量帮助继任者轻松接手你的工作,这不仅是对原公司负责,也是对你自己的职场生涯负责。

(6)别忘了说一声珍重

离职之前,给老板和同事以电子邮件的方式发一封诚恳热情的告别信,感谢公司给你提供的机会,感谢他们曾经给你的帮助,送上你真诚的祝福。这样你即使离开了,你工作过的公司老板和同事也会一直记得。

(7)别"一去不回头"

每份工作都是一种缘分,尽管离职了,与原单位保持联络,不仅是对感情的珍惜,也会对将来的发展有利。离开公司后,不要把以前的老板和同事都忘得一干二净,更不要过河拆桥。尤其是如果你还在同一个行业工作的话,这样做就更有必要,也许某一天你跟大家重新成为同事,又在同一家公司工作呢。

3.

锁定人脉,那是公司为你预备的一份厚礼

人脉,是经由人际关系而形成的人际脉络。人脉的重要性,许多人都有不同程度的认识,但怎样发现身边的人脉,怎样区别对待不同的人脉,

怎样善用身边的人脉,怎样盘活人脉,利用人脉关系,给自己打通通往成功的道路呢? 这是值得我们认真思考和学习的。人脉如同金钱,也需要管理、储蓄和增值,如果我们善于学习,随时把握好每个机遇,在工作中不断丰富我们的人脉关系,每个人都可以成为善于人脉经营的行家里手。

对职场新人而言,十几年寒窗苦读,积累的知识可谓足够丰厚,但人脉资源却很可能一穷二白。当你最需要帮助的时候,如果很多人站在你的身边,对你伸出援手,给你支持、帮助和鼓励,那将是人生的一种不可多得的财富。

为人处世好像很简单,做起来却很难。每个人只有学会做人,才能充分地汇集你的人脉,把人们对你的支持、帮助和鼓励变成永远的财富,让它成为你在职场中的竞争优势,利用这种优势获得更多的价值。

如果你和周围的人们相处不好,格格不入,怎么可能在需要的时候得到别人的帮助与支持,又怎么可能得到别人的扶持与赞誉?

我们所处的世界,不是只有我们一个人,成败得失都取决于我们自己以及我们跟周围人群的关系。机遇是给有准备的人的,在商品经济大潮中,抓住人脉也就是真正地抓住了钱(前)脉。而任何一份工作,对我们来说,都是积累人脉的一个过程,我们总会有所收获,为下一次的机会进行蓄力。

王伟以前在某个省会城市的一家私营企业打工,后来他去北京发展,进入了一家相关行业外企工作。他一直跟原公司保持着很密切的联络,还经常帮助原公司联络供应货源,让之前那家公司的老板深受感动。

不久前,王伟被他所在的外企派往海南担任分公司总经理,但由于他人生地不熟,一时难以打开局面,内心很焦急。王伟原来工作的那家公司老板听说了此事,为了帮助王伟,他动用了自己手上的资源,汇集业内力量,用很短的时间就让王伟的业务有了起色。

由此可知,人脉关系对一个人的成功是多么重要。

我们时常可以看到,身边一些叱咤风云的人物,对自己的人脉资源

"运筹帷幄"，大有决胜千里之势。也许我们在想，他们可以如此自信，为什么我自己手中没有这样的人脉？为什么同样的资历，对方在人群中更加游刃有余？对方靠的是什么？这就是人脉资源所展现出来的魅力了！有广泛人脉关系的人，往往能在人群中游刃有余、所向披靡，工作也能事半功倍。因此，人脉对任何人都是非常值得珍惜的宝贵财富。

纵观所有职场成功的案例，无论各行各业，都不会不提到这些成功与人脉资源的密切关系——团队作战、广结人缘、沟通能力、人际交往能力、充分把握相关的人脉资源，等等，人脉已经成了职场成功的重要因素之一，只是每一个行业需要的程度不同而已。

我们身处网络和知识经济时代，飞速发展的信息和通信技术，使得人际交往的难度和成本大为降低，提高了效率，无形中人们之间的联系更加密切。因此，身处职场的人们需要积累和经营各自的人脉关系，这一点确定无疑。

很多时候，也许你无意间一个善意的行为甚至一个眼神，都可能获得一生的宝贵人脉财富。但更多的人脉关系的建立，需要有心人的努力。如果我们能在职场中建立诚实、守信的形象，秉持宽容、乐于分享的态度，秉承"绝不过度承诺"的原则，注意每个细节都做到最好，比如遵守约定、守时、不轻易许诺、但承诺了就一定要做到，等等，就一定能够在职场中无往而不胜。

建立良好的人脉关系，也可以帮助我们更有效地提升自我价值。如果我们在工作中结识了更多具有丰富工作经验的朋友，就能从他们丰富的经验中学到很多东西，更快地提升自己的工作能力，提高自己的自身价值。

真诚地帮助别人、赞美别人、感谢别人，让他们体会到自己的价值，就能得到他们同样的回报，收获同样的帮助、赞美和感谢。

找到跟我们彼此喜欢的人，他们更愿意跟我们相互帮助。不要吝惜自己的时间，在他们身上多投入一些，以此来建立互利关系。也不要过于功利，不要急于提出要求，不要太早支取了你的"人脉存折"。轻松闲聊，耐心等待，最初只需要简练地介绍自己的基本信息就足矣。除非对方感兴趣，不要事无巨细地讲述你的过去和现在。

有时候，我们的外表也许看起来不易让人接近，在工作中老板、同事或者客户无法判断我们的内心而不想主动提供帮助，担心冒犯我们，甚至他们根本没想到你需要帮助。这种时候，不如直白地说出来，让他们改变看法，从而给自己奠定一个良好的人脉基础。

对曾经帮助过你的人永远保持一颗感恩的心，在任何场合都要维护他们的声誉。即使你们因为某些分歧已不再交往，也不要发表对他们不利的言论。

有关专家总结出职场成功的三大要素，即专业表现（performance）、个人形象（image）、能见度（exposure）。

许多初入职场的新人会以为，只要拥有一技之长，具有良好的专业表现就可以行走江湖。事实上，在职场中，专业能力只不过是进入职场的入场券。当代职业分工日趋细密，没有什么人无可替代。而把职场成功三要素紧密结合，透过专业表现反映出良好的个人职业形象，并且把这种职业形象传递到正确的人际网络中让人知晓，塑造良好的职场能见度，从而获得新的工作机会，这才是决定一个人职场长期发展的最大推动力。职场经验丰富的管理者会更加重视"个人职业形象"与"职场能见度"的影响力，那是决定一个新人是否能够最终胜任工作的关键。所以，我们绝不能忽略塑造长期职场能见度或人脉的重要性。

对于财富的获得，美国斯坦福大学研究中心曾经发表过一份调查报告，结论是：一个人赚的钱，12.5%来自知识，87.5%来自关系。也就是说，人脉是我们每个人通往财富、成功的入门票。好莱坞有一句俗语："一个人能否成功，不在于你知道什么，而是在于你认识谁。"

（一）建立人脉前首先传递自己的价值

职场中人际交往，互相肯定的首要条件就是价值。你对别人有价值，才会得到别人的肯定。所谓价值，标准并不完全相同，可能是工作中可以提供帮助，也可能是某种观点的相同，也可能是兴趣爱好一致。人脉的建立首先需要自己去寻找并建立自己的价值，然后把自己的价值传递给周围人群，并且通过更多的信息和价值的交流，建立强有力的人脉关系。

（1）建立你的价值

先冷静地向自己提问：我是对别人有用的人吗？我的价值是什么？不能只求回报不愿付出。你越有价值，就越容易建立强大的人脉关系。

(2)传递你的价值

著名推销员杰拉德在台湾演讲,他打开了自己的西装,在现场撒出了超过3 000张名片,之后只说了一句话:"各位,为什么我是世界第一推销员？这就是秘诀,演讲结束。"

当你建立了自己的价值,要以一种开放的心态跟周围的人沟通交流,善于向他人传递你的"可利用价值",从而让别人有与你交往的意愿,从而促成交往机会,使双方更深入地了解和信任对方。

(3)成为人脉关系的一个枢纽

你和你的朋友都很有价值,把其中的价值联系起来彼此传递,向他人传递他人的价值,你就成了信息和价值交换的一个枢纽中心。如果你只是接受或发出信息的一个终点,人脉关系产生的价值是有限的;但如果你成为人脉关系的枢纽,那么别的朋友也更乐意与你交往,你就能从中获得更大的人脉价值,从而巩固和扩大自己的人脉关系。

(二)经营人脉要掌握三项原则

人脉法则中有一句话:你身边三个朋友的收入平均值就是你今天的价值。在人脉的经营过程中,需要把握如下原则:

(1)互惠

人与人之间互惠互利的程度,取决于人交往的多少。所谓"赠人玫瑰,手留余香",主动去帮助他人,而且乐于接受朋友的帮助就会使彼此关系越来越亲近。

(2)互信

与朋友互相依赖、互相信赖,建立守信用和可信赖的形象,让自己在某一方面的优点和专业形象突显出来。

(3)分享

分享对于人脉经营非常重要,越愿意跟他人分享的人,得到的就越多。当你拿出智慧和力量与朋友分享,让他们通过你的分享得到帮助,你就会得到朋友的感激。你真诚愿意同他人一起分享,有一种愿意付出的心态,别人就能感受到你的正直、诚恳,更愿意与你交往,你就拓展了你的人脉。

(三)拓展人脉的必备能力

要拓展人脉,必须培养自己的自信、沟通、适时赞美他人的能力和感恩的心态。

(1)自信。缺乏自信的人，因为怕拒绝，不敢主动与人交往，也就谈不上拓展人脉了。比如鸡尾酒会或类似场合，很多人都喜欢尽量跟熟人坐在一起，以免碰到陌生人。因此，尽管许多机会就在我们身边，但我们总是浪费了它。

(2)沟通能力。这其中包括了解别人的需要、渴望、能力与动机，并给予对方适当反应的能力。在沟通的过程中，应该留意语言、语调和肢体语言的协调运用，以增强沟通效果。

(3)善于赞美他人。以较低的姿态去与对方沟通交流，留意观察、发现对方的优点并适度地赞美他人，每个人都希望自己在他人眼里具有重要性，得到别人的赞美会让他内心中的这种需求得到满足。

(4)感恩的心态。无论面对任何人，都要有一颗感恩的心。伤害让我们受到磨炼、欺骗增长了我们的见识、批评让我们得以成长、竞争对手让我们头脑清醒，所以我们理所应当感谢他们。当然，我们更要感谢帮助我们、关爱我们的人，因为那是我们做人的根基。

(四)拓展人脉的三大方法

(1)树立正确理念、克服畏惧心理

人际交往是我们拓展人脉的必要条件，我们只能"学然后知不足"，"吃一堑长一智"，同时注意自己的交往能力，增强自己的价值。正如美国前总统小布什首席战略顾问鲍勃·比汀所著的畅销书《人脉：关键性关系的力量》中所论述的："其实很多人已经拥有了人脉，但是却不会使用人脉。而解决的办法就是使用。"

(2)利己利他、双向共赢

在运用人脉帮助自己取得成功的过程中，我们必须明白：人际交往是双向互惠的，而单向利己的行为绝对不可能持久。我们应该先学会施予，不要怕被人利用或需要，这是人际交往的基础和前提。不能患得患失或心存侥幸，总想占便宜生怕吃亏。

(3)要有长期打算

人际交往将伴随我们终生，直到生命终结，在生命的不同阶段，我们交往的层次和质量水平有所不同。因此，我们应当结合自身的职业生涯规划，因时、因地进行不同的阶段性规划，让有益的人脉关系一直帮助我们取得更好的成就。

4.

公司是所大学校，它教会了你经营自我的每一个环节

每个打工者面对的无非两种企业：好企业和坏企业。好企业是我们选择自己赖以生存的工作的首选。好企业给我们提供丰厚的薪资福利，有着健全、严谨的管理，有丰富的、人性化的企业文化，可以给我们提供良好的培训机会，让我们在工作中经历丰富的职业历练，让我们有着广阔的发展空间。好企业意味着，它将为我们提供有保障的生活和有成就感的事业。企业存在的目的是为社会创造价值，而给员工提供成长的机会、塑造职业人才，是企业创造的最大价值。

重视人的成长，把人的成长看作比赚快钱重要得多的企业，是有长远眼光和较高境界的企业。一方面，从字的结构来看，企业没有了"人"就会"止"，就不会发展。企业是人经营的，人是经营企业的基础，而人也是需要自我经营、自我完善的。而另一方面，人最大的快乐并不取决于物质上的成就，而是来自精神的满足，来自于帮助他人后所获得的赞美。

内心感到充实的人才能更多地去帮助他人并由此感到快乐；而内心匮乏的人因为感觉缺乏自我，处处感觉不足，所以只会索取，不会奉献。佛教的教义有"自度度他"的教诲，医生让抑郁症患者去行善，有所成就的人中最终很多人都走向了慈善事业，这些都说明了这个道理，内心丰盛的人才会去帮助他人。人性在本质上是利他的，善良美好的人性存在于我们所有人身上，只是很多时候，这种人性被其他因素干扰掩盖了。在必要的时候，如果我们用心发掘，助人成长的人性之光就会重新开启，我们就会从他人对我们的反应中来感觉自身存在意义。

人只有明白自身存在的意义，才能做事有方向、有目标、有力量，才能够看得清、拿得起、放得下，才会有心灵上的自由。

每个企业就是一个小社会。我们身处其中，可以塑造共同的愿景，倡导共同的价值观，共同为顾客、为社会创造价值，帮助我们自己和全体员工跟企业一起共同成长。这样的企业，最重要的不是给员工提供多少收入，而是员工终身的成长和快乐。这样的企业，也才会是有核心竞争力的企业，没有理由不取得成功。

有人觉得，企业是工作的场所，只要把以前学校所学的东西加以应用，再加上在工作中积累一些经验，就不需要再学习什么了。于是，有些员工不求上进，得过且过，数年来的工作毫无长进，机械重复地做着自己的工作，而且越来越无法适应新形势下的工作岗位，从不思考怎么能把工作做得更好，自己欠缺些什么，该补充什么能量。在有的企业里，企业内部培训流于形式，就像顺口溜所说的那样："班组培训凑次数，为了检查补记录，职工培训互相抄，脱离实际难提高。"这就是这种工作和学习状态的写照。

"逆水行舟，不进则退。"如果我们不在工作中学习，就会被时代和社会所淘汰。我们在学校所学到的知识，随着知识的更新换代，很多已经不适用了，所以在工作中学习各种经营知识是企业提供给我们的机会之一，自我学习的能力就是一个人的最重要的能力之一。

企业也是一所学校，我们应该在工作中不断地学习，积累经验，总结教训，充实自己；同时，可以通过自学、函授、短期培训等各种渠道，提高、发展自己，提高个人的知识水平、工作技能和整体素质。

现代化的管理模式，最重要的就是人才和最大限度地发挥人才的潜力，让每个员工的个人积极性转化为生产力，为企业创造更多的财富和效益。每个员工要想更好地胜任工作，提高自己，就不能得过且过，抱着混日子的态度来应付了事，而应该更多地自我规划，制订出周密的学习和工作计划，在工作中逐步实施并落到实处，才能真正提高自我的能力和保持良好的工作精神。如果你在这个岗位不称职，在那个岗位做不了，就会被企业所淘汰。想要成为一个优秀员工，真正地提高自己，完善自己，就必须把这种愿望落实到行动中，向他人学习，向实际学习，深入工作实际，不断地刻苦学习。

　　杨明是一个年轻的企业员工，刚去强盛公司工作的时候，他把工作当成一种负累，觉得工作不过就是能聊以维持温饱的工具。所以他每天坐在公司办公室里时，总是如坐针毡，心不在焉，面对领导安排的工作唉声叹气。有时候，他也为此感到羞愧，也曾想做出改变，但由于他对工作没有正确的认识，不觉得每个人的工作都是上天赋予的使命，也没有一种积极的心态，总是没有太多的自主意识，所以工作状态还是时好时坏。几年的工作经历让他发现，每个公司都有自己的员工素质准则，也让他想了很多。他发现，每个公司的员工素质准则，都是公司的企业文化、经营理念的概括，犹如人的性格，各不相同。当他来到强盛公司后，强盛公司的员工素质准则让他更深刻地认识到企业和自我的关系。每个人都希望自己成为一个优秀员工，渴望获得更高职位、拿到更多薪水、取得更大成功，但是只有提高自己对工作的认识，掌握了正确的工作方法，端正了工作态度，才能更加懂得做人的道理，才能更高地提升自己。

　　强盛公司的员工素质准则让他进一步懂得，无论你从哪儿来，以什么身份进入一个企业，都要扮演好此刻的自己，忠于自己的工作职守，忠诚于公司，而工作是上天赋予我们每一个人的使命。只有像热爱生命一样地热爱工作，把工作当作一种使命、一种责任来完成，才能在工作中体会到自己的价值，不管工作有多枯燥、多辛苦，也会感受到工作的快乐，也能够在完成自己工作的同时，看到自己的进步和成功的希望。

有关完善自我管理、成功经营自我的问题，管理学专家给出以下建议，供职场人士参考，虽然不一定能够马上见效，但认真思考、切实实践，必定能有丰富的收获，取得不断的成功。

（1）积极、主动的态度

一个人的工作态度折射出他对人生的态度，而他的态度决定了他的成就，一个天性乐观、对工作充满热情的人，不管他从事的是卑微的工作还是身负重任，他都会把自己的工作看作一种神圣的天职，怀着浓厚的兴趣和积极的热情去认真完成。即使工作再令人感觉辛苦、枯燥、乏味，他也能从工作中感受到自身的价值，找到自己的使命感。

（2）正确定义成功

要始终保持积极的心态，不计较一时一事的得失，树立远大的目标，始终正面暗示自己，更多地看到事物光明的一面。明白进步对一个人的生活和职业生涯是最有意义的一件事，不断进步，就能够不断带来更多的信任、尊重及财富。

（3）培养强烈的进取心

不断加强自己内心积极的自我暗示，比如告诉自己："我一定成为公司里最好的员工。"同时根据自己的目标，制订适当的行动计划并把计划认真地落实下去。别跟自己说不行、成不了、不可能、没条件，要敢于面对现实，敢于挑战自己，克服你内心的怯懦和软弱。

（4）喜欢自己，重视自己

要让别人喜欢你，你就先得喜欢自己，重视自己的事业，重视你自己，同时让他人感到你是重要的。做什么事的时候，不光要想到自己从中可以得到什么，更要想到你所做的一切可以对别人有什么帮助，这样你的内心才会充满责任感和使命感，才能感受到更多的快乐和被尊重的感觉，你才能更加喜欢自己、重视自己，也才能更让别人喜欢你，这样的人生才更加有意义。

（5）培养对企业的热爱和忠诚

每个公司都有独特的发展史和企业文化，了解自己所在公司的发展历史，以及公司的价值观、职业精神、团队合作、客户服务意识等本公司独特的企业文化，从中获得自己所在公司的认同，更能激发同事间的共鸣和认可。

（6）寻找鞭策的力量——马蝇效应

美国总统林肯年轻时跟他的兄弟一起，赶着马在一个农场里犁地。那匹马走得慢腾腾的，时常偷懒，非得使劲驱赶它才行，但有段时间这匹马走得飞快。林肯不知道为什么这匹马会这样，感到很奇怪。他发现有一只很大的马蝇叮在马背上，于是就打死了马蝇。林肯的兄弟抱怨林肯："你干吗要打死马蝇？有它才让马跑起来，我们才不用这么费劲儿的嘛！"

马蝇让马跑得飞快，不敢怠慢——这就是马蝇效应。它告诉我们，我们需要给自己找一个鞭策的力量，才能不敢松懈，才会努力拼搏。

(7)重视他人的感受

一个人自私狭隘，即使能取得超人的业绩，依然不会被他人接受，依然无法融入组织和团队，还会处于痛苦的孤独之中。所以，只有做一个内心宽厚的人，理解他人，重视他人的感受，你才能融入到团队里，获得快乐。

(8)借鉴别人的长处和优点

我们应该向周围的同事、老板、客户学习，不仅仅是简单地模仿别人的工作方式和工作作风，而是学习他们积极的心态和长处。积极的学习会给你带来很多意想不到的喜悦，让你感受到自身的成长，获得成长的快乐，你的心态才会始终是明亮的。

(9)对工作尽心尽力

即使是最平凡的工作，如果我们有着最热忱的态度，我们也能成为最精巧的员工；即使是最重要的工作，如果我们对工作的态度是消极、懈怠的，我们也是平庸的俗人。工作精神的有无，可以决定我们的事业能否成功。

每个企业都希望成为百强企业，每个人也都希望自己成为成功人士。想要成为成功人士，就需要像企业一样，学会经营自己，找到自己的核心竞争力和竞争优势，了解自己的优缺点和可能的潜在风险与机会，想清楚自己应该朝哪个方向发展。想要领先他人，就需要像企业注重创新与研发一样，时刻创新自己的价值。通过不断地学习新的事物或专长，去不断提高自己，最终你就有希望成为你想做的那种人，走上成功的道路。

5.

师父领进门修行在个人，在这里有你的精彩

　　每个人的职业生涯都在不断发展，重要的不是每个人现在所处的位置，而是我们下一步的发展方向在哪里。我们不能仅仅想到我们是在为老板打工，更不能单纯为了养家糊口而赚钱，我们应该想到，我们是在为自己的梦想打工，我们将会有自己的远大前途，我们会在工作中不断提升自己，创造更大的辉煌业绩。

　　虽然我们每个人工作的首要目的是为了赚取满足我们衣食住行的收入，但那不该也不能是最终目的，更重要的是，工作可以让我们发挥自己的潜能，通过工作的磨炼，我们获得了足够的经验，成为对企业、对国家有用的人才。如果我们有一个端正的工作态度，能够正确对待付出和回报的关系，无论我们从事什么工作，无论薪水高低，我们都能够在工作中尽心尽力、积极进取，就能获得内心的平安，最终取得事业的成功。

　　美国著名作家和出版商、商业佳作《双赢规则》的作者阿尔伯特·哈伯德曾经在《热忱是工作的灵魂》中写到："这个世界为那些具有真正的使命感和自信心的人大开绿灯。无论出现什么困难，无论前途看起来多么暗淡，他们总是相信能够把心中的理想图景变成现实。"

　　只有充满自信的人，才能够主宰自己的思想，敢于正视自己的心灵，才具有战胜困难的力量，能够做好任何事情。不管遇到什么困难险阻，前途多么暗淡，他们都有一股不怕输的劲头，把困难当作一种难得的机遇，都能够积极努力地去争取，还会努力整合所有的资源和优势，作为自己的动力，积极开拓进取，使工作更进一步，在工作中实现自己的人生价值。当你把坚忍不拔的决心变成自信，身边的所有人就都会相信你，给予你全部的信任和支持；相反，一个做事缺乏坚忍精神和毅力的人，难免三心二意，得过且过，就无法得到别人的信任和支持，随时面临失败。

　　齐瓦勃出生在美国乡村，家境贫寒，只受过很短时间的学校教育。因为家中一贫如洗，15 岁的他就出去打工，做了赶马为生的马夫。但雄心勃勃的齐瓦勃始终在寻找着发展的机遇。18 岁那年，齐瓦勃来到钢铁大王卡内基工厂的一个建筑工地打工。

　　成为建筑工人的齐瓦勃，决心成为最优秀的建筑工人。当其他人对工作充满怨气，抱怨工作辛苦、薪水低，并因此消极怠工的时候，齐瓦勃却努力工作，积累经验，同时利用业余时间自学建筑知识。

　　一天晚上，经理来工地检查，注意到其他人都在闲聊，只有齐瓦勃一个人在默默看书。经理看了看齐瓦勃的书和笔记本，什么也没说就离开了。

　　第二天经理把齐瓦勃叫到办公室问他："你学那些东西干什么?"齐瓦勃回答经理说："我觉得公司并不缺少打工者，只是缺少既有工作经验又有专业知识的技术人员和管理者。您觉得我说的对吗?"不久，齐瓦勃就被升任为技师。有些人不服气，就挖苦齐瓦勃巴结经理，只想升迁。齐瓦勃回答说："我不是在为经理打工，也不是单纯为了赚钱，我是在为自己的梦想打工。我要创造比我的薪水多得多的价值! 这样我觉得人生才有意义。"

　　抱着这样的信念，齐瓦勃努力学习，积极工作，逐步升到总工程师的职位上，接着在他 25 岁的时候，就成了这家建筑公司的总经理。

　　卡内基钢铁公司的天才工程师兼合伙人琼斯慧眼识英才，他发现了齐瓦勃超人的工作热情和管理才能，任命齐瓦勃为自己的副手、布拉德钢铁厂的副厂长。两年后琼斯因为事故丧生，齐瓦勃成为布拉德钢铁厂厂长。因为齐瓦勃天才的管理才能和积极热忱的工作态度，布拉德钢铁厂成了卡内基钢铁公司的灵魂。几年后齐瓦勃被卡内基任命为钢铁集团董事长。七年后，齐瓦勃又帮助卡内基，完成了跟掌握美国铁路命脉的大财阀摩根的合作，取得了对卡内基有绝对优势的联合条件。

　　最终，齐瓦勃终于建立了属于他自己的钢铁帝国——伯利恒钢铁公司，并创下非凡的业绩，成为赫赫有名的钢铁大王。

纵观齐瓦勃的职业生涯,从农夫——建筑工人——技师——高级工程师——厂长——董事长,直到大型企业的老板,他的发展不是偶然的,而是通过他很短的学校教育——雄心勃勃——努力工作、积累经验——自学有关知识——创造业绩——提升自我,这样一个自我奋斗的过程中,他的知识、观念、经验、能力等自身条件不断更新、水平不断提高的基础上获得的。

想要在工作中取得成功,可以在以下几方面注意提升自己:

(一)永远保持热诚,全心投入工作

对工作积极热情,在职场上表现得积极进取,甚至因此能够影响同事或下属斗志的人,是企业最想留住或网罗的人。全心投入工作,不计较多做一些事,而不是勉强做完自己的事,甚至得过且过,才能接触到更多其他工作,让自己提升成多职能的人,才能有更丰富、更高的发展空间。

(二)发展更多职业能力

因为环境变化太快,所以企业为求生存,必须不断调整经营方向,才能适应市场需要。一个人,如果只有一种专业能力,在现在这种环境下显然不够,可能就会很难适应企业发展的需要,甚至被淘汰出局。要在竞争激烈的职场上获得良好的生存条件,就必须积极让自己成为具备多种能力的"多职能"人才,成为具有"七十二变"能力的人,增加不同职务上的历练。

(三)培养善于整合资源的领导能力

要成为具有领导能力的人,对内善于整合公司的人力资源,安排每个下属做最适合的工作,领导自己的团队达成公司订定的目标;对外善于整合客户资源,与客户建立良好的合作关系,为公司创造最大利益,可以争取从项目负责人做起,不断锻炼自己的沟通协调能力。

(四)提高强大的执行力

好的计划和策略固然重要,但具备出色的执行能力,将好计划和策略付诸实践,而且在实践中不断纠正偏离目标的情况,工作才能真正具有成效。

（五）培养良好的沟通能力

沟通能力十分重要，无论你在什么岗位、担任什么职务。而且，表达要清晰、准确，让你的工作能力和绩效容易被你的领导、同事和客户看见。

（六）用老板的脑袋思考

你不能仅仅满足于做好本职工作，还应该用老板的脑袋思考，考虑问题更深、更广、更周全。至少站在你的直接领导的角度看问题，让你判断自己工作的优先次序是否正确，而不是花大力气在做老板和主管认为不重要的事，那样只能吃力不讨好。

积极乐观的态度和正向思考，总能帮助你在遭遇困境时，看到光明的前途，很快东山再起。

6.

换位思考，学会从高层角度纵观全局

很多身在职场的人都会认为，公司是老板的，我就是一个打工者，只是替别人工作，公司好坏是老板的，即使我做得更多、更出色，我还是拿那么多工资，好处还是老板的，对我有什么相关？抱着这种念头，很多员工每天按部就班地工作，朝九晚五，每当到了下班时间，就马上冲出公司或者车间，多一秒钟也不愿耽搁，有些人甚至只要老板不在公司，就干脆不做工作，要么没完没了地打私人电话，要么找人谈天说地，或者无所事事地遐想。

这样的想法和做法，浪费的不仅是你的工作时间，其实更要紧的是，这样无异于在浪费自己的生命，自毁前程。如果我们换个角度去思考问题，站在老板的角度看待我们自己的工作——并不是不顾实际、一心只想着当老板，而是帮助自己树立一种主人翁意识——就会有更积极的心态去面对工作，我们也就会在工作中获得更多的收获和进步，这将会使我们受益匪浅。

一个在事业上获得成功的经理说："除了那些极少的富二代，很少人是含着金钥匙出生的。绝大多数老板最初都是打工仔，都是从头一点一滴做起来的。而一个人打工时的心态是很关键的，决定了他能否成为老板。"

有很多职场人士内心总是不太平衡，觉得老板整天就是打打电话、赶赶饭局，跟人嘻嘻哈哈，然后出没于灯红酒绿之中，日子过得轻松自在；而自己却需要在这里埋头苦干工作，为他创造业绩。这样的想法大错特错！因为事实上，你看不到的是，老板每时每刻都需要思考公司的行动方向和远景规划。如果我们换位思考，站在老板的角度去思考公司的前景和发展问题，用老板的心态去面对工作，就可以坦然面对自己、面对工作、面对老板，因为我们对公司做出了自己最大的努力。而这样的心态也会带给我们更多的收获，让我们有希望在不久的将来拥有自己的一份事业，一片天空。

我们每个人都在从事两种不同的工作：一份是你正在做的工作，这份工作是你安身立命之本，让你在社会上立足；另外一份则是你真正想做的事，这份工作是你日后事业的基石。当我们作为公司的普通员工时，如果把该做的工作和想做的工作结合起来，能够把公司的工作当成自己的事来做，时刻想着公司，一心把公司的利益放在首位，设身处地地替公司着想，就会得到老板的欣赏和认可。而这样做的结果，并不是只为老板获得收益，而是在为你的未来做准备，你可以在这样的心态中认真对待工作，在工作中学会的一切将使你可以超越自我，超越周围同事，甚至于超越老板。等到时机成熟，你就能够拥有自己的事业，踏上成功之路。

我们不能满足于做好分内的工作，更不能以此得意。我们必须认真思考，目前的工作是否还有改良的余地。如果我们设身处地地去思考这些原本是老板考虑的事，我们就能不断地提高自己思考问题、解决问题的能力，这是我们在工作中可以得到的最大收获。

换个角度思考一下自己目前的工作，假设自己是老板，问问自己，我对自己目前的工作感到满意吗？我想到该想的所有事情并且都处理好了吗？我有没有对这份工作做到全心全意？

哪个老板会不希望员工像自己一样，以公司为重，把公司利益放在首位呢？又有哪个老板不希望员工能够更积极主动地为公司着想，为公司工作呢？所以，当你这么做了，没有哪个老板会对此视而不见，他们会因为你的忠诚而器重你。他们会在需要的时候更多地考虑到你的能力和你的努力，你就有了更多的发展和提升的空间。而你也可以更坦然地面对老板，因为你像他一样，对公司尽了自己最大的努力。

如果你能处处为老板着想，想方设法增加企业的收入，节省每一分可以节省的资金，老板也会投桃报李，在必要的时候回报你对企业的忠诚。当然，别太急功近利，想着老板马上给你多少奖励，奖金可能是多少，时间是在哪天？奖励也许在今天、明天甚至更久之后的某一天，不一定是嘉奖，不一定是物质的奖励，但老板对于时刻为公司考虑、爱公司如家的你，一定不会忘记，你一定能够得到老板的器重。

即使你的付出与得到的回报不成正比，也不要怨天尤人，有一句老话是"受人之命，忠人之事"，也就是说，你做的是公司的事，关系的是公司的利益，把公司利益放在首位是理所应当的。

张航毕业于国内一所知名的管理学院，毕业前他投出了若干份简历，有几家大公司都有接纳他的意向，但出人意料的是，张航最终决定去一家规模不大的公司做总经理助理。

很多同学对于张航这样的选择很是不解，对他说："咱们学校咱们专业在社会上挺吃香的，如果你去一家大公司工作，公司有强大的实力，你的起点不是也更高吗？干吗自讨苦吃，去一个名不见经传的小公司？再说了，助理的工作有什么意思？说好听的是助理，就是收发文件、做做记录；说难听的，不就是打杂吗？"张航笑了笑，只是跟同学说："大公司有大公司的好处，小公司也有小公司的长处。不一定小公司就不会有好的发展。"然后就没有过多解释什么。

几年以后，张航成为年薪百万的企业的总经理。

当有人称赞张航，说他少年有成、能力非凡时，张航谦虚地说："其实，应该感谢我最初工作的公司。那时我做总经理助理，这份工作使我受益匪浅。正是每天接触公司的各种文件、资料，我才了解并学会了作为公司领导的管理思路；也正是亲自记会议记录，每次会议的过程中，各种意见的纷争到统一，让我清楚了解企业是如何经营、如何决策的。虽然我做的事微不足道，都是一件件很琐碎的小事，但如果换一个角度来看待，就能看出问题的价值所在。最终我就是从这些事上，学会了怎么管理公司、运作公司的。"

正如一句老话所说，"读万卷书，行万里路，不如阅人无数"。张航的经历正好说明，当我们换一个角度思考问题，用老板的眼光看待自己、要求自己时，就不会只以达到公司的目标为满足，就不会满足于"当一天和尚撞一天钟"，反而会以一个更高的目标来实现自我满足和提高。你所做的一切就不仅是做给老板看，而是在挑战自我。

著名的英特尔公司总裁安迪·葛洛夫曾应邀前往美国某名校做演讲。他给毕业生的建议是："不管你在哪里工作，不要只把自己当成员工，而应该把自己看作老板，把公司看作是自己的一样。"请不要误会，这句话不是让你对老板的行为和公司的管理指手画脚、横加干涉，以为自己真的可以在公司为所欲为；而是希望你把自己当作公司的主人翁，提高自己工作的主动性，用一种积极的心态和思路考虑问题。

在一个企业家看来，管理就是两件事情：增加收入和降低成本。前者需要设法扩大业务范围，增加业务收入；后者需要降低管理成本，控制运作费用。两者最终归结为提高利润，而丰厚的利润来自于良好的管理。

怎样在工作中积累经验、知识和人脉，谋求个人的长远发展？管理学家提出了三个重点供大家参考：

（一）提升核心竞争力

核心竞争能力是一个人在职场生存的重要武器，包括三个方面：一是不可被取代的专业能力；二是非常受欢迎的性格特质；三是可转化的综合能力。一个人的核心竞争力是体现个人商业价值的重要依据。无论你从事什么行业，在哪家企业任职，也无论公司大小，都必须想清楚自己未来的发展方向和职业目标，持续更新自己的知识和技能，不断积累和提升自己的能力，无论技术方面、服务方面、管理方面，你都要尽力成为在某个方面不可替代的优秀人才，而且不断培养自己良好的性格特征，锻炼自己更多职位的专业能力,就能保持自己在行业中的竞争优势,而且不断发展和提升自己。

(二)赢得公司的信赖

得到老板或上级的认可、信赖,可以让我们更好地开展工作。任何一个老板都会期望身边有工作能力强、为人处世成熟、时时处处为公司着想的人,作为自己的左膀右臂。这种信赖取决于工作能力和为人处世两方面。如果你希望在企业中有更长远的发展,就必须用出色的能力和积极的态度来彰显个人魅力,赢得老板甚至业界的信赖,这是至关重要的。同时也为自己今后的职业发展做好更多的准备,获得广阔的个人发展空间。

(三)发展职场人脉圈

有句话叫作:"人脉就是钱脉。"埋头苦干做好本职工作是基本,同时想要有更大的发展,就要积极参加企业各种内部活动和社会商业活动,通过工作搭建的平台来结交更多的职业圈朋友,并与之真诚相处,为对方提供有价值的信息,使得双方达到合作共赢。如果能够在人际交往中有效地推销自己,就会积累有益于自己发展的人脉关系,也能为将来的职业发展获得很多意想不到的机会。

当我们想要有一天成为老板,拥有自己事业的时候,日常工作中就应该用老板的心态要求自己,像老板那样去思考,想一想怎样做好工作,才能发挥出最大的能量;像经营自己的小家那样,去关心公司的经营和发展,不断地把工作中收获的经验与知识积累下来,假以时日,你的价值会得到体现,公司和老板会看到你的努力,你的行为可以带动更多人跟你一样,你就具备了当老板的条件。

第五章
模仿别人越像，这个世界就越没有自己

　　中国的 IT 界风云人物李开复说过一句话：我的成功可以复制。如果你把这句话理解为可以模仿他的成功历程，那么你就错了，无论是在生活中还是在职场中，没有任何一个人可以模仿别人的成功。你所能做的，只能是去模仿成功人士取得成功的奋斗方式，以及自律精神。道理很简单，踩着别人的脚步走，你永远都只能是跟在别人身后。职场中更要明白这个道理。如果你希望像某个人一样成功，那么你唯一可以模仿的，就是他奋斗的态度，除此之外，没有其他任何有价值的模仿之处。如果不明白这个道理，你可能会在盲目的模仿中最终迷失自我，离成功越来越远。只有你真正体会到了"模仿"与"吸收"之间的差异，你才能看到职场成功之路的方向。

1.

这个世界不缺模仿者,缺的是能给它带来亮点的人

这个世界上从来就不缺模仿者,因为模仿是人类生存的本能,从出生的那一刻起我们一直都在模仿,但随着年龄的增长,我们都呈现出了自己的个性,这是一种必然的转变。如果说你的生命中就只剩下模仿,而彻彻底底地失去了自我,那么请问:我们活着的意义究竟是什么?职场之中,我们同样要问自己这个问题,是披荆斩棘走出一条属于自己的成功道路,还是想方设法去模仿别人的成功方式?这是每一个职场人都需要去想清楚的问题。

其实模仿也不是不可,从一方面说,模仿会给我们带来进步,事实上我们已经通过模仿生物特征,创造出了很多新事物。譬如飞机的发明、雷达的运用,等等。但从另一方面说,模仿在给我们带来便利的同时,又会使我们陷入瓶颈,无法突破。也就是说,一味地模仿会限制我们大脑的潜力开发,最终使我们失去自己的个性和长处,这样,即使我们模仿得再好、再像,又有什么用?那不过是别人的东西,而你不过是个模仿者,是这个世界上最不缺少的那一类人!

在近几年的娱乐节目中,各类模仿秀层出不穷,实话实说,有些人模仿的本领确实让人叫绝,那腔调、那神态简直惟妙惟肖。这可能会让其中的一部分人赚一点小小的人气,但结果呢,有谁还记得他们?说到底,他们不过是替那些名人免费做了宣传而已,而自己还是一具空壳。

这样的人并不少,每个领域都有。拿写作来说,一些有才华的年轻人初做写手,虽然略显稚嫩,但起码来说还能看出自己的风格,还算有特色。然而看别人的作品时间久了,喜欢某位作家,就刻意去模仿人家,渐渐失去了本来的自己。这种情况下写出的作品能不能超越人家?答案只有一个——不能!因为你只不过是在模仿人家。

职场上也是一样,你去借鉴别人的经验,或者说以某位优秀人士为榜样,这无可厚非,但如果说你依葫芦画瓢,人家做什么你就做什么,那你能不能成为最优秀的员工?答案也只有一个——不能!因为你再怎么模仿,也是个赝品,你不可能超越你模仿的对象!

还是那句话,这世界上并不缺少模仿者,但缺少能给它带来亮点的人。职场并非深不可测,它有起伏不平的时候,也有沉寂安静的一刻。只要你寻找到一个亮点,便能在这里畅游无阻。如果你能发现并发扬自己的亮点,那么毫无疑问,你的人生将是非常成功的。

　　小狗波特到处找工作,忙碌了好多天,却毫无所获。他垂头丧气地向妈妈诉苦说:"我真是个一无是处的废物,没有一家公司肯要我。"

　　妈妈奇怪地问:"那么,蜜蜂、蜘蛛、百灵鸟和猫呢?"

　　波特说:"蜜蜂当了空姐,蜘蛛在搞网络,百灵鸟是音乐学院毕业的,所以当了歌星,猫是警官学校毕业的,所以当了保安。和他们不一样,我没有接受高等教育的经历和文凭。"

　　妈妈继续问道:"还有马、绵羊、母牛和母鸡呢?"

　　波特说:"马能拉车,绵羊的毛是纺织服装的原材料,母牛可以产奶,母鸡会下蛋。和他们不一样,我是什么能力也没有。"

　　妈妈想了想,说:"你的确不是一匹拉着马车飞奔的马,也不是一只会下蛋的鸡,可你不是废物,你是一只忠诚的狗。虽然你没有受过高等教育,本领也不大,可是,一颗诚挚的心就足以弥补你所有的缺陷。记住我的话,儿子,无论经历多少磨难,都要珍惜你那颗金子般的心,让它发出光来。"

　　波特听了妈妈的话,使劲地点点头。

　　在历尽艰辛之后,波特不仅找到了工作,而且当上了行政部经理。鹦鹉不服气,去找老板理论,说:"波特既不是名牌大学的毕业生，也不懂外语，凭什么给他那么高的职位呢？"

老板冷静地回答说："很简单，因为他是一只忠诚的狗。"

这个小故事虽然短小，但是却真实反映出了我们所处的职场现状。职场中无论是做人还是做产品，最重要的一点就是要有属于自己的风格，那就是我们所追求的亮点。

汤姆就职于诺基亚公司，是手机研发部的一名员工。研发部的薪资待遇很不错，而且没有什么硬性指标，但汤姆并不喜欢这样，他觉得每天坐在研究室里，做一些重复性的工作很无聊。于是他暗下决心：一定要让诺基亚在自己的开发下有一个质的飞跃。

有一天，汤姆像往常一样乘地铁上班，看着熙熙攘攘的人群，他突然眼前一亮：几乎所有时尚男女都带着手机、一次性相机和袖珍耳机，他有了一个大胆的想法——如果把这三个最时髦的东西组合在一起呢？这样不是既轻便又快捷吗？来到公司以后，他马上找到主管，说："如果我们在手机上装一个摄像头，让人们在听音乐的同时，把自己见到的所有美好事物都拍摄下来，再发送给亲友，那该多么激动人心啊！"主管听后，惊喜得高声叫道："好样的汤姆！我们马上就着手研制！"

后面的事情我们大家都知道，具有音乐和摄像功能的手机刚出场时引起了巨大轰动，而汤姆也实现了自身价值，获得了应有的奖赏。这就是给模仿带来亮点的关键因素——创意。太多的行业例子都在告诉我们：打开创意开关，创意往往会变成一个最少有人投入，却最赚钱的行业。在职场中，所谓的"创意"，就是和别人不一样。如果不想和别人一样，首先要克服外界的批评和反对，学习排除这些意见，专注做你想做的事情。

那么，我们的创意在哪里？很多初入职场的人并不知道，创意其实就在自己身上，然而糟糕的是，太多人往往还没有尝试，就先否定自己，甚至没有自信承认自己与众不同，其实，我们何必在乎同事和别人怎么说？认真做自己，聆听自己的声音才是最重要的！因为创意不可能来自其他的任何地方,只会来自于我们的生活和职场经验,这些经验绝对胜过书上所说的。你需要对每一天的工作和生活有所体会,对事物保持好奇心,关注周围的人。在职场中,每个人必须拥有自己的品位,学习去欣赏、创作、思考、批评;不要别人叫好,你也跟着鼓掌,要学会收获属于自己的职场经验,只要相信自己,就会听见内心的答案。

无论对于生活还是职场,创意都不是专利,也不是一门学问,它是一种思考和解决问题的方式,只要你想,就能做到。它不单是创意产业,也不只和某一个公司或企业有关,创意存在于每个行业,哪怕是小到一家牛肉面店,也要靠老板花心思,全力投入,才会有好的经营业绩。在职场中,要想把自己的创意和想法展示出来,执行的过程并不容易,每个环节都是需要我们去努力才能达成。而我们也会在这一次次的努力中越来越深刻地理解"创意"这两个字,最终把它们融入到我们的职场生活和个人风格之中,拥有属于自己的亮点。

很多时候,一个企业乃至一个行业的大部分利润乃至发展空间,都来源于创意和亮点,因此往知识创意发展的路上走是每一个职场人应该努力的方向。事实上,模仿和创新之间的差别,就在于你是否做出了自己的创意和亮点。现如今,许多企业都在相互模仿、借鉴,尽管如此,但没有哪一家公司不是在竭力研发新产品。因为谁能独树一帜,谁就能抢占更大的市场,拥有更多的消费者。可以说,创新是企业的命脉。没有创新,企业将注定被淘汰。职场中同样也是如此,我们可以向更高级别的职场人学习,借鉴、吸取他们成长的经验,但是我们一定要拥有属于自己的亮点。模仿的最终目的应该是为了超越,我们应该在模仿中找到属于自己的道路,在模仿的过程中开发出一个亮点,这样,我们才不会"泯然于众人"。

2.

别老瞄着别人，每个人都是上帝创意出来的杰作

　　我们或许有过这样的经历，我们一直在抱怨自己的平凡，抱怨自己的长相平平、成绩平平、工作平平……于是，我们总是刻意去寻找一个"优秀"的人，我们要去模仿他们，因为我们希望自己变得像他们一样优秀，当然也希望有一天自己能够超越他们。然而在这个寻找和模仿的过程当中我们会遇到新的问题，那就是：如何摆正自己的位置？通往成功的路有许多，我们可能看到了别人已经走过的那条街，但是却并不清楚自己脚下的路是否也能够通向成功。这个答案永远不会有人告诉你，因为只有你自己，才知道真正的答案。

　　只是，我们在极力模仿的同时，在不知不觉中已经渐渐失去了自己，可我们并不知道。直到某年某月某日，某人突然指出的时候，我们才恍然大悟——哦，原来我早已不是原来的我！于是我们又想找回原来的自己，可这真的太不容易！

　　生活中很多人都在做着这样的傻事，有些人花去半生积蓄，为的就是整一张谢霆锋的脸，有些人出卖灵魂与肉体，就是为了整一个张柏芝的鼻子……这真让人觉得很不可思议！难道你觉得这样模仿，你就真的成了人家？如果说有这份恒心与精力，你把它用在一个更有意义的事情上，那说不准你就能够成为另一个领域的"谢霆锋"或者"张柏芝"，又何必为了模仿别人而去改变自己？其实，崇拜、佩服某人，想向人家学习，这本无可厚非，但如果过分执著于此，因而失去了自己原有的个性与风格，那就成了偏执的模仿，理智的人相信都不会对此认同。

　　那么，我们为何会如此迷失？其原因就在于，我们的眼睛老是瞄着别人，因而忘记了我们本来就是独一无二的。是的，从出生的那一刻起，我们就是独一无二的！我们或许并非最漂亮、并非最优异的，我们或许就只是个普通的不能再普通的职员，但我们就是那个独一无二的自己，没有人可以替代！有史以来，这个地球上曾经生活过上百亿人，但从来未曾有过，也将永远不会有第二个你。你是地球上一个独特的、不可重复的生物，这些特性赋予你极大的价值。

无论是职场还是生活中，一个人对成功的理解和定义决定着他的人生态度。高尔基曾说过："一个人追求的目标越高，他的才智就发展得越快，对社会就越有益。我确信这也是一个真理。"在职场中，拥有一个值得追求的目标，对一个人成长的帮助是非常大的。然而每个人所追求的目标不尽相同，同样的东西、同一件事情，对不同人的激励也会不同。因此成功对于每个人来说都是独一无二的。还记得当小时候被问到理想时我们的回答吗？那时，我们的回答可能是多种多样的，但随着年龄的增长，我们对于这一问题的回答却渐渐趋同。成功并没有固定的模式，对每一个人来说，要达到成功，最好是根据实际情况和个人特质进行自主选择，找到最适合自己的道路。

我们对职场生涯会有很多领悟，每一段生命经历，遇到不同的人，都会给我们带来不一样的领悟。怎么知道这个时间点来临了？不要刻意等它，给自己多一点时间，也别想未来如果没有机会成功怎么办？只要尽情生活，慢慢累积，总有一天你会知道，机会来了，你只要准备好就可以了；绝对不要苦苦傻等，却什么都不做，结果等到机会来临时，才发现自己根本没有准备好。自己的价值，不是买张门票，或打开灯光就能发现的，当你回顾过去的生命历程，才会慢慢发现，原来那个时候已经找到了。

所以我们必须相信自己，无论是在工作上还是在生活中，你必须将眼睛从别人身上移开，去挖掘你自己，发现你的特性及长处。是的，只要你肯这样做，你就会发现一片不一样的天地。相反，一个人倘若连自己都不想做，连自己都不爱自己，那么，你又奢望谁会爱你？你又拿什么去吸引人？又凭什么让老板一眼看到你？我们既然生而为人，理所应当有一份自我肯定，我就是我，虽然在浩瀚的宇宙中，我或许不过是一粒微尘，但我也是唯一。我们应该告诉自己：我很重要！我对于我的生活、我的工作、我的事业，是不可或缺的主角，没有人能替代我！当然，我也不可能替代别人。

是的，我们很重要，我们每个人都应该具备这种认知。或许我们的地位很卑微，或许我们只是职场上的一个小角色，但这不应该成为我们放弃自己的理由，我们不应该将眼睛老盯在别人身上，他或许很优秀，但他不是你，别人就是再优秀，也丝毫不会影响你变得优秀！

是的，我们很重要，对我们自己，对我们的家人、朋友来说都是这样，因为他们不能没有你！你要知道，重要并不是伟大的同义词，但它是心灵对生命的允诺。

或许有人会从事业的角度，来衡量我们是否重要，但这只是别人的看法，我们重不重要，并不全在事业成功与否。其实，只要我们时刻都在努力，为理想而奋斗，我们就无比重要。我们每个人的心中都应该燃起一团熊熊火焰，燃烧出亮丽的人生，我们要大声地告诉全世界："我就是与众不同！"

3.

踩着别人的脚印，你只能走在后头

我们想象这样一种情形：你前面走着一个人，而你一味地踩着他的脚印走，那么你能不能走到他的前面？答案显而易见是不能。牛顿说过：我之所以看得更远，是因为我站在巨人的肩膀上。这句话我们不妨做一个有趣的解读：为何他不说站在巨人身后？因为站在巨人身后，根本就看不到前面的路。职场中也是如此，我们如果始终无法从某个优秀人物的光环中摆脱出来，那么我们取得的成就必然是有限的。只有我们勇敢地冲到前方，把所有人的脚印都甩在身后的时候，我们才能真正看清楚成功的模样。

记得爱默生曾经说过一句话，他说："如果想成为一个真正的人，你就不能盲从,你必须保持心灵的完整性……当我们放弃自己的立场,而是用别人的观点去看一件事情的时候,我们的错误便已经发生了……"事实真的是这样,我们不能丢了自己,别人看问题,想当然要从他们的角度出发,如果我们去模仿,那么看到的结果多数会有失偏颇,很难适合我们自己。

如今这个时代,所谓的专家比比皆是,这在很大程度上影响了我们的思维。或者说,更多的时候我们习惯于依赖所谓专家的看法,以为那就是权威,而从不去想这适合不适合自己,于是我们渐渐对自己没有了主意。

在职场上也是这样,有的时候,我们过分迷信于老人的看法或经验,我们不敢去挑战,于是按部就班地走着老人走过的路,或许这样我们可以少犯错误,但若是这样,终其一生我们也只能说是"合格"或者"优秀",而绝对无法为自己立下一面旗帜,证明不了自己,因为你不过是在重复别人的东西。

人,终归还要做自己,否则,我们便会逐渐丧失对自己的信心,以至于很多时候,对很多事情,我们都不能够发表自己的意见或坚持信念。假若出现这种状况,可以说是各个领域中的"权威"取代了你对于自己人生的主导地位,当然,这并不是他们巧取豪夺,而根本就是你让他们这么做的。因为你丧失了独立的思维方法、独立的生活能力以及自己的主见,你只想跟着别人的后面走,而自己的思想早已被你抛之脑后,不客气地说,你就好比一具行尸走肉,至于什么理想、事业,根本就无从谈起。

当然,相信大家都想改变这种生存状态,那么你必须从自己做起,认清自己的才能,找到自己的方向,不要一味地盲从!这或许不太容易,因为你已经习惯了跟随。但还有更不容易的,你还要与他们抗衡,别让他们的思想占据你的大脑,别让他们的思想去指挥你!当然,这不是说要你一意孤行,或许这句话应该这样说:我们可以参考别人的建议,但绝不可因此失去自己的观点。

其实,我们所面对的职场就如一片汪洋大海,每个人就像只帆船航行其中。有的人终日摆荡,希望可以找个港湾停靠,随着摆荡的时日越多,对于港口的要求就越是降低,只希望赶紧有个靠岸的地方就谢天谢地了。而也有的人始终满怀斗志,把自己航行的风帆高高扬起,勇敢地寻找属于自己的航向,他们的目光永远都看着前方,而非别人的方向。

其实在职场航行,最重要的就是心中的那只罗盘。罗盘一旦失灵,人就像陷入迷宫一样，顿时就在茫茫职场中迷失了方向。为了避免在职海中触礁，或被沿路上不该属于你的诱惑勾引，被陷阱困住，一个清楚明确、指示无误的罗盘是必需的。可惜的是，这世界上的诱惑实在太多，许多魔鬼假借天使的脸孔出现，所以导致太多人无法成功地靠岸，步上自己梦想的彼岸。传统世界的包袱、父母老旧观念的影响、社会拜金主义的价值观或个人短视近利的自私意图，这些都会扭曲罗盘的指针，让自己陷入不可预料的、违背初衷的情境当中。

只有拥有智慧的卓越人士，他们才可以不受影响地持续向着目标大步迈进。每天都有许多困惑不安的人，心里盘算着自己失去的东西，烦恼着下一步该何去何从，他们从来无法接受现状。"鱼与熊掌无法兼得"的名言，他们从来不曾听进去。最终的结果就是，他们永远只能跟着别人的方向走，眼前看到的永远都是别人的脚印，最终再也没有勇气去寻找自己的前进方向。

"首先要知道自己内心渴望追寻的目标，然后朝着这个目标不断前行。"这就是聪明人的做法，他们清楚哪个目标才是他们最大的希望，然后他们会在做出选择后坚定步伐、坦然面对结果。经常想要让别人或外力帮他们做选择的人，其实还没选择就已经输了。因为他们在还未进行战斗，就先把自己生活的主宰权交给了别人。一个连自己的主宰权都不愿意担起的人，只会在面对困难时落荒而逃，这样的人永远都品尝不到蕴藏在苦涩困难里的成功的甜蜜滋味。

如果说我们真的已经成熟了，我们就不要再踩着别人的脚印走，不要再怯懦地到避难所里去顺应环境。当然，我们也不必藏在人群之中，不敢将自己的独特性表现出来。事实上，我们根本不应该盲目地跟着别人走，因为我们有腿有脚，有脑有眼，我们应该有自己的观点和主张，我们应该有自己的路要走。无论是在工作还是生活中，我们必须记住——一定要保持心灵的完整性，它是神圣而不可侵犯的！坚守心灵，就要做到不盲从，不随波逐流，这是一条非常重要的人生准则。还是那句话：踩着别人的脚印，你永远只能走在后头！对于职场中人而言，犹是如此！

4.

不要邯郸学步，不要在跟风中迷失自己

　　邯郸学步的故事想必大家都知道，那个少年的做法简直令人啼笑皆非——他看到小孩走路，觉得活泼、美，所以学；看到老人走路，他觉得稳重，所以学；看到妇女走路，觉得婀娜多姿，所以学。于是乎，不过半月光景，他连走路也不会了，路费也花光了，只好爬着回去。这个寓言会让每一个人笑出声来，但是却很少有人意识到，职场之中也存在着很多邯郸学步的人。那些在职场工作中墨守成规、不敢打破规则的人，永远无法取得超越常人的成就，因为他们看到的永远都是别人走过的路，久而久之，他们会迷失了自己的方向，在不知不觉中朝着与成功相反的方向越走越远。

　　当时，我们还小，我们看到这里，往往都会笑出声来，但多年以后，我们之中的很多人不知不觉中也成了"邯郸学步"少年，这个时候再读这个故事，敢问我们还笑得出来吗？

　　读到这里，或许很多人会大声反驳："我没有！"但这就是事实！今天，在这个一日千里的时代，在巨大的生活压力之下，你有没有逐渐失去自我？在三天两头的交际应酬中，在香车宝马、娇妻美妾的攀比浪潮中，在尔虞我诈、钩心斗角的权术争斗中，在卑躬屈膝的巴结逢迎中，你自问还是不是原来那个真的自己？经济的高速发展，为我们带来了富足的物质生活，但同时也改变了我们的思想，改变了我们原有的世界观和人生观。于是，人心开始变得迷茫，目标开始变得混乱，甚至有些人已经不知道自己是何许人也！这样的背景下，一大批现代版"邯郸学步"少年出现了，他们盲目崇拜，简单模仿，喜欢攀比，喜欢跟风，就像墙头的轻草一样，风往哪里吹，他们就往哪里倒，丝毫个人的主见也没有。

　　当然，我们也不是全盘否定模仿，模仿也称得上是一种学习，在一定意义上它是值得肯定的。但模仿一定要取其精华，去其糟粕，更要从自己

115

的实际出发,取人之长,补己之短。倘若我们像燕国寿陵人那样,盲目地觉得自己不好,一味地崇拜别人,生搬硬套,不管好的坏的,一并拿来,结果必然是人家的长处没学来,自己的那点优点也丢个精光。

在职场上也是这样,我们应该向前辈学习,但不能不假思索地采用"拿来主义",不加分析地把前辈的东西生硬嫁接,而我们自己的东西却将之随便扔掉,结果,我们只会成为前辈身后亦步亦趋的"跟屁虫"。

说到底,人家的就是人家的,你自己的才属于你,人与人之间有太多不同,譬如性格、譬如天分、譬如机遇、譬如心性,所以一个人的东西,怎么可能所有人都适用?所以人最好还是做自己。换而言之,我们学别人的东西,那就挑好的学;丢自己的东西,一定要挑坏的丢!要从自己实际出发,参照客观条件,选择适合自己发展的道路,而绝不能一味地生搬硬套、丢掉自己的个性。因为,没有个性,就会没有地位、没有价值、没有自信!

我们之中那些陷入"邯郸学步"沼泽的朋友,他们身上缺乏的就是起码的自信,缺的就是独立的思考、自主的决策,多的则是依葫芦画瓢、见招学招的跟风思想。这种情形下,我们就只能吃剩饭,就只能仰人鼻息,就只能跟在人家身后!甚至有可能,最后不得不爬着行走。你愿意这样吗?相信大多数朋友都在摇头,那么,就请不要再做那个学步的少年,不要在跟风中迷失了自己,破坏了我们心灵的完整性。

当今职场人才最显著的一个特点就是年轻化,那些刚从校园走出来的知识型的员工占据了企业员工的主流。虽然说这大大改变了员工的工作模式和对工作的认可及追求,但是相比较而言,许多职场老人都认为"这一代人在工作中独立思考的能力还是不够强"。

有朋友举了一个这样的例子:从去年到今年,我们单位前后招进了三十多位毕业生,他们基本上都是 20 个世纪 80 年代出生的年轻人才。但是,他们这一群人在对企业缺乏归属感的同时,也缺乏独立思考的能力,经常在工作中会发生一些面对自己手头工作而不知所措的情况,当上司或者老同事给他们指点后,他们就按照指令把工作完成,没有想过发挥自己丰富的想象能力把工作做得更精致,更让人满意。这就是独立思考能力差的一种表现。职场新人必须要克服依赖性,在工作期间,特别要注意培养自己独立思考能力。只有通过独立思考,才能获得锻炼;也只有在独立思考的过程中,自己的思维能力才能迅速地发展起来,从而更快地适应职场，适应这个竞争激烈的社会。

那么，在职场中怎样学会独立思考呢？首先表现在能够独立地发现问题、分析问题和解决问题，独立地检查结论或结果的正确性。如果一个职场新人能独立地解决人家已经解决了的问题，说明这位职场新人拥有创造性思维的本领。创造性思维的特点是具有新颖性和独创性，这种创造思维能力的发展，有可能促使真正的发明创造的到来。此外，独立思考还表现在不盲从、不依赖、不轻信，凡事都要问个为什么，经过自己头脑思考明白之后再接受。

任何一个企业都需要那些可以独立思考、独立解决问题的人。成功的职场人士都喜欢问自己"怎样才能做得更好？"具有这样的意识，自然能够认识到自己周围所欠缺的还有很多，这些可能正是公司今后的策略和发展方向。毕业后我们从校园走入职场，就意味着自己在现实的残酷竞争中走上磨炼自己的道路了，而独立思考这一职场法宝，将伴随在我们从职场新人到职场高手的发展历程之中。

5.

不要鹦鹉学舌，人云亦云

鹦鹉这种动物大家都不陌生，它最大的特点就是能学人说话，也正因如此，它很是招人喜爱，成为了人们最常饲养的宠物之一。那如果换作是人呢？如果人也学鹦鹉一样，别人说什么就是什么，或者别人说什么就信什么，或许也会招人喜爱，不过这对于整个人生的经营、对于我们的事业而言，是绝对没有好处的。犹太人的经商智慧就是：永远不要做重复的投资。这个经验对于我们的职场生活同样适用，把别人的成就用再重复一遍，并不意味着自己也拥有了同样的成就；相反，你只是在浪费时间和精力而已。职场中要想成功,就要学会独立思考,学会拥有自己的思想,而不是人云亦云。

记得清代学者李西沤曾经说过:"未定之事不可以臆断,无据之事不可以疑人。"求实是认识真理的基本选择,绝不能人云亦云。人如果养成了人云亦云的毛病,那么也就意味着丢弃了求实精神,丢弃了最珍贵的自我,空有躯壳,没有灵魂。事实上,那些在人生事业上做出一定成绩的人,是绝不会人云亦云的,因为他们相信,只有实践才会出真知!

李四光先生的大名如雷贯耳,他之所以能达到如此的高度,从一定意义上说,正是因为他能够坚持自己的主见。李先生在任北京大学地质教授、系主任时,国际地质和地理学界普遍流行一种观点:在中国不存在"第四纪冰川"。李四光不信邪,他觉得洋人的论调未必可信,他只相信自己的眼睛。于是,从1921开始,他先后到河北太行山以及长江中下游进行考察,然后写出论文,论证华北和长江流域普遍存在"第四纪冰川"。到了1939年,李先生在世界地质学刊发表《中国震旦四纪冰川》一文,轰动了世界,这对地质学、地理学和人类学的研究都做出了很大贡献。

当然,李四光先生当时在国内已然享有一定声誉,如果说他不去挑战国际看法,对他当时的人生也不会有什么影响,但如果是那样,他很可能无法成为后来享誉世界的地质学家。由此可见,求实、不人云亦云,正是一个人成就人生的关键所在。

人云亦云是什么?那是一种没有自信、盲从权威、极其懦弱、缺乏个人主见。如今这个社会,各行各业需要的是正直、有进取心、有创新的人才,你做不到这些,你人云亦云,盲从于别人的想法,一味按照别人的指令去做事,那么你与一个毫无情感的机器人又有何异?而又有哪家企业愿意雇佣你这样的人?你可以想象,如果公司中一个所谓的权威员工做错了工作,而你跟着应和,那么将会给企业带来什么样的后果?这是职场上的大忌。

通常来说,老板和上司都赏识那些有自己头脑和主见的职员。如果你经常只是别人说什么你也说什么的话,那么你在职场里就很容易被忽视,你在公司里的地位也就很难提高。要有自己的头脑,不管你在公司的职位如何,你都应该发出自己的声音,应该敢于说出自己的想法。

特别是那些刚刚从校园走上工作岗位的职场人,已经形成了一定的世界观和价值观,但是你的职业价值观才刚刚养成,很容易会受到周围环境的影响。我们不敢保证每个新员工进入的团队或组织,都有一种积极向上的氛围,难免有些团队的消极心态或者负面思想会多一些,这个时候就要考验每个人的分析判断能力了。

有些人"出淤泥而不染",在嘈杂的环境中依然可以保持一颗平静的心和一双明亮的眼睛,能够清楚地分辨是非黑白,这样的人往往能够树立良好的职业价值观。而有些人极易受外围环境的影响,很多积极向上的东西看不到,而沾染上一些消极负面的思想。人云亦云,迷失自我,这样的人很难在一个企业当中长期存活下去。因为他会从最初的被动接受消极思想,悄然改变自己一些正确的价值观,到后来甚至会挖掘开创消极思想,工作态度和行为必然会扭曲。比如,有些老员工有时候会抱怨工资低、加班时间长,但是这些老员工可能已经具备了相当的实力。在他们看来他们不只值这个价,不需要长期加班。个别新员工听到这样的抱怨之后,不假思索地就认为自己的工资也低了,加班时间也太多了。然后结果就是新员工很快感觉自己无法适应这个环境,黯然离开,到其他公司继续抱怨,而那个老员工可能还在企业一边抱怨一边加班。

任何一个单位、部门的管理、运行、决策,都需要有人献言献策,适时而富有建设性的建议,往往会取得双赢的效果。时代在发展,过去的措施需要完善。领导的部署有时不一定周密,别人的建议不一定正确。智者千虑,必有一失。一味的人云亦云显得庸俗,只有发出自己的声音,才会让领导和同事看到你的价值,并最终建立起你的职场信心。

人云亦云,说到底还是对自己不够自信,怕自己的想法被人反驳,害怕别人说自己愚蠢。其实人生不该是这样的,做人应该有自己的想法,有自己的信念,只要你认为自己是对的,那么不要怕,你完全可以坚持走自己的路,"走自己的路,让别人说去做吧!"这样,你才是一个堂堂正正的"人"!

6.

学习别人，但不全盘照搬

孔老夫子说："三人行必有我师。"这是一种谦逊的学习态度，是希望世人能够放低自己，以人为师，进而最大限度地去充实自己、成长自己。我们之中很多人都是这样做的，这很好，但也有一些人曲解了孔圣人的意思，他们确实是在向别人学习，但学得未免"太像"，简直就是在照搬，想必他们是忘记了孔老夫子后面的那句话——"择其善者而从之，其不善者而改之。"从今天的角度上释义，它带给我们的启示应该是这样的：别人有好的东西你要学，但不适合你的就要加以改进，然后再为我所用。这才是我们学习的本意。

如果你曲解了学习的本意，错误地认为学习就是"拿来主义"，一味地死学别人的东西，那么到最后，难受的一定是你自己。

《庄子·天运》中讲过这样一个故事："四大美女之一的西施因为心有疾病，所以经常手捂着胸口、皱着眉头在村里行走。村民们不知道西施有病，不知道她这是难受所致，只觉她手捂胸口、双眉含愁、面带忧郁的样子分外动人，不知不觉都看呆了。村子里有一个叫东施的姑娘，她听到人们都说西施那样走路比以前更美，便学着西施的样子，手捂着胸口，皱着眉毛跟在西施后边学走路。她这一模仿，反而显得自己非常丑陋，村里人见了她的丑态，都纷纷关上大门，就连小孩子见了她都远远地躲开……"

东施真的是蛮可怜的，不是因为人们鄙夷她而可怜，而是因为她在这仿效中完全丢失了自己，她只觉得西施如此这般模样很美，却根本不知道美从何来，更不知道这套姿态用在自己身上会是什么样子，于是自取其辱尚不自知，这才是她的可怜之处！

东施又是丑陋的，她的丑不在于长相本身，而在于彻彻底底失去了自我，矫揉造作，惺惺作态。她盲目效仿西施，却不知西施有沉鱼之容，一颦一笑、一举一动都羡煞旁人，你东施纵然本不难看，又怎能与西施相比？你完全照搬西施的动作，纵然你做得再好，看在别人眼里，又怎能及西施万分之一？反倒是让人觉得你见样学样，毫无特色，连原有的那一点儿姿色也因此丧失殆尽，所以变得异常丑陋。

这对于我们的职场生活其实也是一种提醒。在职场上，我们不应该全盘地仿效别人，而将自己的特点深深掩埋。不要对自己熟视无睹，忘记了自己的优点和天赋，想方设法地成为你认为非常优秀的那个人，那只会让人觉得你没有自我。可想而知，这样的你必然会遭到同事乃至老板的轻视。

首先，从心理学角度而言，人性本能并不倾向于模仿别人，人们的天性就是倾向于做更独立的自己，有自己的个性以及工作特点。而在职场中，想要通过模仿来提升自己，就需要更高层次的模仿，这种意义上的模仿更像是把一种学习经验转化为有益的自我成长的过程，从而让自己在职场中成长得更快更好。

何丽丽今年 25 岁，大学时读财会专业，毕业后凭借过硬的专业知识和早早考出的资格证书顺利进入一家规模比较大的财务企业。何丽丽进入的是公司的税务部门，以为进入这样的大公司就意味着各种加班和忙碌的她，遇到了非常不适应的前半年。由于公司是分部门工作，而何丽丽的部门经理却在她入职后不久跳槽，导致何丽丽成为没有人带的"职场孤儿"。幸运的是，何丽丽不久后加盟的新团队上司是一位资质过硬的资深职业经理人，刚接触上司时，何丽丽便打听到，这位看起来平实朴素的女上司在过去三年已在公司获得三次晋升，是公司的高级经理，而且即将晋升为董事会成员，她务实的工作风格给何丽丽留下了深刻印象。敏锐的何丽丽从同事处了解到，上司刚进公司第一个年末就考出了会计金砖——CPA，于是何丽丽为了弥补一开始的空档期，也悄悄在下班之余报读注册会计培训班，并积极参加公司的各种免费培训课程，为自己充电。

这位上司也开始注意到何丽丽的努力，在工作中分享给她许多做税务方面的资源和技巧，并且及时和她分享一些合同规定和税务方面的新政策,教她和税务局打交道,让何丽丽收获非常大。通常到了月末、季末是税务业务非常忙碌的日子,几乎大部分时间都是8、9点才下班,看着深夜依然在办公室加班的上司,何丽丽也抓紧埋头苦干,积极适应工作中那些有挑战性的项目。

在工作中,越是注意观察上司的一言一行,何丽丽就越发体会到上司的勤奋和扎实,有时上司无意中在团队会议中提到的某本税务专业书,何丽丽也细心地记录下来,马上去买来认真学习;上司和税务局、客户、公司合伙人沟通时的善于聆听、激发团队的能力、处理数据时的细心,都成了何丽丽积极观察并模仿的资深职业人标签。功夫不负有心人,何丽丽在进入公司的第二年就通过了注册会计考试,离拿会计证近了一大步的同时,也使何丽丽在职场上获得了丰收,她已晋升到助理的位置,这与她巧思上司的职场之道不无关系。

何丽丽对于这位勤勉女上司的积极观察和模仿是非常正确的,对于上司的学习节奏和工作风格的认可,带动了何丽丽自身在职场上的进步。职场是个微妙的舞台,上司的一言一行对下属有着举足轻重的作用,如果不是上司积极考证、扎实肯干,何丽丽也许就受一开始的空档期影响而变得消沉。应该说,向上司学习并不只存在于职场新人,这是职场人普遍存在的心理和行为表现。例如那些入职三年以上,面临晋升瓶颈期的职场人,从业务专员到业务经理该如何晋升,不妨去细心了解一下自己的上司在职业上晋升的经过。如果你的上司是一位拥有众多积极标签的好上司,一定要学会思考他或她的成功之道。在职场中要想有快速成长和晋升,一定要有与其他人不同的过人之处或者必备技能。例如何丽丽的资深女上司拥有专业资质和扎实的工作作风,从而给下属以信服感和工作动力。一位好的上司,也是希望下属能从工作理念、行为方式、沟通技巧、思维方式甚至于职业着装这些或宏观或细节的部分上进行自主学习,这其中也包括效仿他们自身的职场奋斗经验。大部分职场人在校园里尚处于求学阶段,职场素质并没有得到很好地历练,而在实际工作中,与上司进行磨合,并"取其精华去其糟粕"式地进行学习,对职场人更快速地适应职场环境，了解晋升的职场绝学，相当有帮助。

当然职场上的模仿也并非全盘照搬，更多意义上是一种成功经验的借鉴；特别是有两种情形需要注意：其一是长期刻意模仿的话，很可能最终会成为自己固定的职场风格，所以，最初的刻意模仿若是不适应自己的性格和能力的话，很容易伤害到自己。其二是要防止自己不自觉地模仿极端厌恶的对象。因为从心理学大角度来说，极端厌恶会和极端喜欢一样，达到一定程度都可以产生心理、情感上的连接。比如，有些上司喜欢骂人、挖苦、讽刺等做法，本来是自己极端抵触的，但由于无法摆脱又找不到平衡内心的好办法，便不知不觉地以同样的方式对待别人，这就属于一种可能造成伤害的模仿，是万万要不得的。

事实上，自人类诞生以来，地球上就没有完全相同的两个人，可是你，为何一门心思地想着要与别人拥有一样的资质和天赋？你就是你，是独一无二无的一个存在，你根本没有必要照搬别人的东西，因为第一它未必适合你，第二它未必就是对的，你可不要因此害了你自己！在职场中，最正确的模仿就是借鉴，别人的成功之路我们可以去学习和借鉴，但是死搬硬套、照着别人的路数去做就是很不明智的选择了。借鉴，但不要失去自我，这才是职场成长之道。

7.

跟着感觉走，做最真实的自我

假如你仔细阅读过那些杰出人士的成功史，那么你就会发现，他们做任何事都带有一定的目的性，都会事先衡量利弊。换而言之，他们做事的准则就是按自己认为最好的方式去做，而绝不是随波逐流或者为迎合别人而做。很多时候，他们就是某一领域的开路先锋，他们为后来人开辟了一条新路,得益于这份超群的自信和意志,他们最终赢得了成功以及人们的尊敬。

其实我们和他们一样,都有自己独特的个性,都有自己的想法和判断,都有自己的偏爱和厌恶。只是很不幸,我们之中有很多人放弃了这些特性,因为我们不确定自己的特性是否会被人们接受,我们只想着满足别人的要求,却在不知不觉中失去了最真实的自己。

于是,我们经常不敢表露自己的真实面目,不敢说出自己的真实想法,因为害怕这样会招来别人的非议与排斥或者是打击。这样做的后果是,我们让人生变得糟糕透顶,无论是在工作中还是生活上,我们虽然成功避免了别人的排挤,但我们却因此不能以真实的面目示人。我们有时会认为这是一种生存策略,是职场的一种博弈,但事实上我们错了!我们不能光明正大地与对手较量,我们不敢做真实的自己,那么别人眼中就不会有我们的存在,他们便不会在意我们的想法,这怎么说都是人生的一种失败。

不知大家有没有看过《Invictus》这部电影。在这个故事中,曼德拉曾经多次默念一首诗——William Ernest Henley 的《不可征服》,该诗的最后一句非常激昂——我,是我命运的主宰;我,是我灵魂的统帅!

你有没有觉得这很动人心魄?我们为谁而活?如果说我们还知道为自己而活,那么就应该以"我的人生我做主,我为我负责"的方式来经营人生。如果你不是这样,你不敢跟着自己的感觉走,你愿意完全依照别人的方式、意志去经营你的生活和事业,那么你等于将主宰自己命运的权利让给了别人,从这个意义上说,你更像一个活在别人阴影下的奴隶!从此,你的生活由他做主,你的事业由他做主!

乔布斯曾在 2005 年斯坦福大学的毕业典礼上发表讲话,谈到了自己对人生、死亡、爱及其他非常规的学术和职场道路的思考。乔布斯的这番演讲令人深受启发,不仅对于那些希望鞭策子女养成独立思考习惯的父母来说是这样,对于任何一个在职场中辛辛苦苦地做着自己可能并不热爱的工作的人来说亦是如此。

在那次演讲中,乔布斯讲述了他在早期职业生涯中被苹果公司炒鱿鱼的经历，在他看来，这件事不但没有成为他职场生涯的败笔，相反却成为他可能拥有的最棒的经历，因为他的创造力因此得到了释放，他得以把精力真正放在他所热爱的工作上。他继续前行并最终成立了电脑动画制作公司 Pixar，一直到后来再度回归苹果，领导了苹果的复兴。乔布斯说，他从不做任何不是他真正热爱做的事，这也是他唯一的职场箴言。

乔布斯认为，在职场中，你的工作将会占据你人生的大部分时间，因此获得成就感的唯一途径就是做你自己认为是伟大的工作，而成就一番伟业的唯一途径就是热爱你的工作。如果你还没有找到让自己热爱的工作，你要继续寻找，不要随遇而安。一定要跟着自己的感觉走，跟随自己的心，总有一天你会找到的。而且，工作和你之间的关系与其他任何一种伟大的关系一样，随着岁月流逝，它会变得越来越顺畅。所以，继续寻找，直到找到为止，不要半途而废。

正如乔布斯所言，我们的人生绝不该是这样的，真正有意义的人生不需要戴着面具生活。故作掩饰、刻意奉承，倒不如坦然面对。至少这样，我们还能感觉到自己是在有血有肉地活着。其实人生真的不容易，如果我们无法做真实的自己，无论你是谁、无论是在生活中还是在事业上，我们都会被一种深深的疲惫所缠绕。我们会很被动，被动地按照别人的"指令"生活，那种被遥控的感觉永远挥之不去。我们为何要这样残酷地对待自己？我们为何要抹杀自己生存的意义？这不应该，这很懦弱，这愚蠢至极！我们应该唤出真实的自己，恢复自己的感觉，跟着我们的感觉走，用属于自己的心灵去对待生活之中的一切。

人活着，就要活个明明白白、堂堂正正，如果连自己都丢了，你还想凭借什么抓住成功？所以你得记得：这世界上能成就你的，只有你自己，如果你想让别人都认识你，那么首先就要做回你自己。

8.

人生是创新，而不是抄袭

近代大文学家钱钟书先生曾这样评价说："宋人学唐诗不像唐诗，明人学唐诗像唐诗。"不过他随之又表示，宋人学唐诗的境界要更胜明人一筹，而胜就胜在那一点儿不像上。钱先生的见解不禁让人舒眉浅笑。诗庄重而词妩媚，恰恰是因为宋人打破了前人的章法，在继承之中加入了创新，才使得宋词如此美妙动人，才使得它在历史上得以与唐诗齐名。而明人完全模仿古人，"学唐诗像唐诗"就显得毫无生趣，因此人们论诗，只提唐诗，鲜有人去讨论明诗如何如何。这个局面其实与我们所处的职场是很相似的。往往听老板话一步一步走的人，不会有大的成就，而那些勇于创新寻找新道路的职场人，才会得到机会的青睐去取得更大的成就。

细思之，钱先生的这番见解对于我们的人生又何尝不是一种启发？坊间流行这样一句话：一流的人创新；二流的人模仿；三流的人盲从。将雄峻激荡的唐诗引渡到温婉凄清的宋词，创新的光华熠熠生辉，为华夏文化留下了唯美的篇章。显而易见，创新是一种很难得的智慧，但事实上它更是一种难得的勇气。

我们之所以谓之难得，是因为很多人都不具备这种勇气。不信你看，有些人的从众"心理"就极强，这在职场上表现得尤为明显。一些职场人士就是这样，别人做什么他就做什么，完全就像学生时代的抄袭一样！这是一种投机或是保守的思想，照别人的去做，如果好的话，自己肯定也能从中得利，如果有问题呢，又无须一个人承担责任。乍看上去，这似乎有几分道理，但结果呢？结果就是你永远离成功有那么一段距离。

有科学家做过这样一个实验，他把十几只毛毛虫放在一个圆盘子的边沿上，让它们一只连着一只，第一只毛毛虫开始爬行了，结果每一只毛毛虫都既害怕自己掉队，也不敢独自去走新路，终于，它们在无休止地爬了七天七夜以后，全部饿死在盘子的边沿上。而事实上，食物始终就放在那个圆盘的中央。

很多时候，我们是不是就像这些毛毛虫？我们既害怕自己在工作中掉队，又不敢创造一点儿新花样，提升自己的效率和业绩，于是我们就只跟在别人的后面走，于是那放在盘中的食物，我们便一直也无法得到。

其实，人生需要的是创新，而不是抄袭，因为抄袭的人永远看不到属于自己的胜利。是的，我们要为自己的人生进行一场变革，在变中求变，在变中求生，从而铸就自己独特的人生理念，创造出不同于他人的人生模式，这会给我们的生活与事业带来新的生机与活力，让我们走出平庸，进入精彩，就像那桃花源中的渔人一样，穿过幽洞后，前方豁然开朗！

张丽刚进入一家公司，当了解到公司要接待一场商务会谈的时候，她觉得要是自己可以参加那就太好了，因为她觉得职场中要尽力去把握住每一个机会嘛，可是同事却认为张丽的做法有些不妥，毕竟刚进入公司，没接到任何邀约就去参加，总会有些贸然，而且根据以往公司老员工的经验，她这个"档次"的新人是不能参加这种会议的。

但是张丽并没有听从同事的话，她通过电子邮件询问上司是否可以参加这次会议。虽然并没有抱很大希望，但上司竟然出乎意料地让她去了！通过参加这次会谈，张丽替上司做了很多琐事的安排和处理，把上司从高强度的工作中解放出来——其实只在必要的时候讲几句话就可以了。从那以后，上司对张丽越来越信任，开始逐渐把比较有挑战性的任务都交给她。

看吧，张丽就是这样通过自己和其他员工的差异对比，让上司认可了自己。在上司心目中，张丽有了别人不具备的不可代替性。由此不难看出，其实所谓的"差异化"并不困难，也不神秘，只不过是细致地考虑、精确地表达、周到地帮助、创新地工作，等等。这些细小的点会为你带来更多的机遇，甚至是意外之喜。

在职场生活中打拼的人,不妨将"创新"和"差异化"这种战略战术学以致用放在自己身上,如果你能够打造出属于自己的"差异"风格,那么你的职业发展一定会登上一个新台阶!

举个非常简单的例子,上司给你派了一个紧急的任务,要求你马上联系到某客户。但是当你电话拨过去之后,却一直无人接听,你该怎么办?是马上告诉上司,对方不肯接电话,还是继续打几次,然后就不管了,心里想着:"反正是对方不接电话,跟我没有关系?"这两种显然都不是正确做法。善于在工作中创新的员工会立刻去寻找其他的联系方式,直到确认自己完成了任务并能够给上司一个交代。

要记住,职场是一个欢迎创新讨厌抄袭的地方,要想让自己在职场拥有创新的风格其实并不难,因为不同的人做事风格不同,但其成功的基本原则是相似的,只要能看到别人看不到的问题,想到别人想不到的解决方法,体现出自身差异化的职场风格,那么你的目的就达到了。当然,我们强调创新,也不是说就一定要不分好坏地一味抛弃传统,因为既然它能流传下来,就必然有其良好的一面,该学习的我们还要去学习,该继承的我们一定要继承。创新是一种对旧事物的改良与突破,它不是一味地标新立异,不是蛮横,不是绝对,不是极端,所以,我们要有辨别地开发新思路,客观理智地寻求变化,做出合理的提升,用我们的头脑、用我们的眼光、用我们的胸怀书写一个大气的人生。

第六章

后起新秀，逐步成为业内的闪亮明星

古语云"铁打的营盘流水的兵"，企业同样也是如此。一个伟大公司的存在和发展离不开一批又一批优秀员工的努力。有着卓越远见的企业，从来不吝于培养新的人才，因为它知道那才是企业的生命力所在。正是那些员工中不断诞生的闪亮新星，引领着一个企业一次又一次突破自己的极限。因为生命和时间的限制，一个人的辉煌是极其有限的，但是那些伟大的企业，却能够持续上百年的辉煌，它们辉煌的持续正来自于企业中不断诞生的新星，而成为企业中的后起之秀，正是我们成为企业新星的第一步。

1.

新老交替，竞争之中胜者为王

　　任何有着预期收益的计划都是有风险的，职场同样也是如此，很多时候，风险恰恰隐藏在表面的繁荣中。这就好比现在很多人热衷于谋求更高职位或者跳槽。他们自认为羽翼丰满，可以放手一搏了，而没想到，所谓的胜利在望其实远远不是原本的心理预期，有些行为超前得不仅没有让自己当成先驱相反成为了先烈。职场竞争中的新老交替是无法避免的，在这个过程中，胜者为王是唯一的法则，如果你足够强，就用能力说话。一个企业生命力的延续，也正得益于这个法则。

　　太多的职场经验告诉我们：职场即战场。在企业内部人才的竞争过程中，即使认为机会来临时，我们也要审时度势，谨慎决策，不能盲目跟进和追击。这方面，我们要向鳄鱼学习，拓展职业规划就需要像鳄鱼一样，一旦碰到猎物，不是欣喜若狂，反要沉着冷静，不动声色，悄悄接近，然后出其不意，乘对方毫无防备一举拿下，这种做事的风格有时还真值得借鉴。在企业人才之间竞争的过程中，看准时机该出手时就出手，不能仅仅理解成速度和力量，它更需要的是一种眼光和智慧。

　　那些企业中的明星人物能够出人头地，自然有他们的过人之处。这种过人之处，实际上就是一种实力。无论做什么事，只有自身具备实力的人才能有所作为。职场是一个真正有能力者为英雄的战场，任何人都必须靠本事、凭能力来立足。要想做人所不敢做的、想人所不能想的，没点儿实力可不行，所谓"实力"是指有才华、有能力，在工作中表现出色，能够取得比别人更好的成绩。相反，如果没有实力，即使你利用一些技巧获得了老板的欢心,那也只是暂时的。久而久之,迟早会在企业激烈的内部竞争中露出马脚,到那时候,你就注定在公司里被判了终身监禁,难有出头之日了。

　　唐莉所在的公关部因为种种原因比原定岗位多出一个名额,注定迟早要有一个人被裁员的,加上部门经理位置一直空缺,因此就导致了部门内部竞争日益升级,甚至发展到有人挖空心思抢夺别人的客户的地步。唐莉不喜欢这样的氛围,她只知道凭实力和责任心做事,只管付出不问收获,出了名的逆来顺受,于是大家私下都认为她是被裁掉的最好选择。尽管论学历、论工作态度、论能力和口碑,她都不错,但她一直没有机会好好地在老总面前表现自己,老总也一直以为她能力平平没有什么过人之处。后来,接到人事部提前一个月下达的辞退通知之后,唐莉半天也没回过神来。她怎么也没想到,自己两年多的努力不仅没有得到承认与尊重,反而得到的是被裁的结果,她实在有点儿不甘心,暗暗下定决心,一定要找机会用自己的实力挽回这个局面。有一天,一个和公司即将签约的大客户提出要到公司来看看。这家客户是一家大型合资企业,一旦和这家大客户能够成功签下长期供货合同,公司的发展速度会得到很大提升。来参观的人中有几个是德国人,并且还是这次签约的决策人物,这是公司没有想到的。见面时,因双方语言沟通困难,场面显得有些尴尬。就在公司老总颇感为难之际,唐莉不失时机地用熟练的德语同德国客人交谈起来,给老总救了场。唐莉陪同客人参观,相谈甚欢。她凭借自己良好的表达能力和沟通能力,丰富的谈判技巧和对业务的深入了解,终于帮助公司顺利地签下了大单。唐莉随机应变的表现能力,以及熟练的德语会话能力,让老总对她大加赞赏。她在老总心目中的分量也悄悄发生了变化。一个月后,唐莉不仅没有被辞退,还暂时代任公关部经理。

　　通过这个例子,我们可以看到,竞争的可怕不在于你将面对什么样的对手,而在于你需要意识到今天的每一步都会对自己的未来产生影响。

这就是无形的竞争，也是最富有智慧的竞争——它不争一日之短长，而是以最终的结果见高下。当今时代，知识更新加快，每个人都应该不断地寻求进步，去探索新的工作方式，并且勇于去竞争和争取。只有这样你才能创造出新的价值。如果你不去表现自己的实力，一味埋头苦干，哪怕你以前学的知识再丰富，也会变得一无用处，最终被淘汰。

当然，为了迎接职场中的激烈竞争，你的准备需要是多方面的，除了专业技能外，其他的辅助技能也是非常必要的，比如沟通能力、人际关系处理能力、管理能力等。当然，更重要的是要为自己的未来做一个规划，适当的时候也要充充电，毕竟企业之中新人辈出，及时为自己充电也算是为自己的未来进行投资，这当然需要我们付出时间和金钱，但是如果你现在不学会"舍"，以后将永远也"得"不到。

毫无疑问，一个企业的发展是靠员工的努力拼搏来支撑的。因此，员工的工作能力与工作表现是一个企业的安身立命之本。做销售的销售能力强，就能卖出更多产品；做人力资源的能慧眼识千里马，并能协调公司员工之间的关系，就能招聘与维系优质的人才；做技术开发的头脑聪明，肯钻研，就能开发出更先进的技术。说到底职场之中的竞争还是凭本事、靠实力的，企业中人才新老更替的竞争淘汰，也正是因为这个原因。企业只有通过这种新老交替的竞争机制，才能让自己不断补充新的血液，也能激励员工更努力地进行学习和提升能力。

任何性质的企业都需要有工作能力、能创造业绩、懂得与人相处的员工，因为所有的企业都有明确的职责，所有的领导都有考核指标，即使再优秀的员工也有任务要求和严格的考核体系，只有拥有优秀的员工，才能出现优秀的企业。初进企业时和新老交替时是两个关键时间段，这是亮相的时刻，不能出现闪失，否则就没有接下来的机会。这时不要吝惜动用自己各方面的积累，不要斤斤计较个人得失，凡成功皆有付出，凡付出总有回报，事事皆如此。在企业中，为人谦卑诚实，做事聪明智慧，再抓住两个关键时间段，则职场道路顺利，迟早会在竞争中成为最终的胜者。

正所谓"一亮遮百丑"，企业人才竞争也是如此，敬业和业绩贡献是两个亮点，我们一定要牢牢抓住，并且敢于抓住机会，不断地学习新知识充实自己，才能跟上企业的发展。身处职场，我们永远不要忘记竞争的残酷性，永远不要忘记不进则退的定律。其实，有对手是件好事。取其之长补己之短，端正自己的工作态度，虚心学习，努力提高自己的业务水平才是"王道"。同样，对于企业而言，也需要通过不断的内部竞争去实现人才的新老交替，从而维持自己发展的生命力。我们要勇于竞争，勇于去体现自己的价值。要知道，职场对个人评价的最高境界是：这个企业因你而改善，这个岗位因你而成果优异。这就是你和别人的差异，比较之下凸显你的职场价值，才是我们追求的最终目标。

2.

创造机遇，与企业共同发展

在大多数企业中，年轻人都是企业的主要力量，为什么年纪相仿的员工中，进步的速度却大不相同？有不少人会找借口说什么人家后台硬，或者别人嘴巴甜，恨自己生不逢时，怨自己出身平凡，等等，相反，懂得反思自己不足并且制订奋起直追计划的却只有少数。这其实就是普通员工与骨干员工的最大差别所在。那些能够快速提高自身能力的员工，往往是那些能够积极抓住机遇去锻炼自身、能够与企业共同发展进步的员工，他们会把自身的成长轨迹与企业的发展最大限度地结合起来，不仅提高了自身能力进步的速度，同时也最大限度地发挥了自己对于企业的价值。

用一个最简单的例子来说，每个人都是从上小学开始，一天天慢慢成长的，最后有的学富五车，才高八斗，成名于世；有的虽然没有取得太大的成就，但是也经过自己的奋斗过上了幸福的日子。相反，有的人却因学业不精、用心不专而陷入困顿的生活。人生如此，职场也是如此。拿刚进入企业的年轻人来说，大家开始的起点是差不多的，都是很低的起点，但最后的结果却有着巨大的差别。究其原因是成功人士善于抓住身边的机遇，哪怕是做一些琐碎的事情，他们也善于从中思考，并且获得启迪，从而帮助自己不断进步。正是这一点一滴的积累帮助他们提升了自身的能力，使他们在前进的道路上步子越迈越大，路子越走越宽，这所有的一切都源于平时的积累以及对发展机遇的把握。

在自身发展的过程中，有的员工对于机遇会有一些错误的理解，比如有的人会认为和领导关系好就能加快自己的发展速度，有人为了亲近领导，不惜绞尽脑汁动用一切资源，极尽拍马屁之能事。这些方法也许会一时地满足领导们的虚荣心，博得他们一时高兴和奖赏，但是我们一定要记住，领导也是要求进步的，他们同样也希望自己能有机会获得提升。在考虑员工提升的时候，领导会优先考虑那些能够帮助他们进步，能够给他们排忧解难的有实力的员工，而不是那些只懂得钻营和拍马屁的人。这意味着，在企业中要想获得领导的认可，在未来的发展道路上更加顺利，终究还是首先要具备过人的本领的，也就是要具备较强的专业素质和技能水平，这样才能够帮助领导实现他们的想法，表达他们的意志，这才是正确的观念。在企业中发展，我们既要提升自己，又要抓住机遇，在这个过程中路不能走偏了，要学会脚踏实地，用能力和成绩证明自己才是最好的。

此外，时间也是一个问题。有的员工总是急于求成，总认为自己发展得太慢，幻想突然能有一个机会砸在自己头上，使自己一夜成名，功成名就。可是这种天上掉金子的事情在如今这个社会中是不可能发生的，量变才能达到质变，没有平时勤奋努力的量变哪来的质变？量变的过程同时就是一个时间沉淀的过程，没有哪一个骨干员工是一夜之间成为骨干的，这都需要通过平时的努力和时间的积累去实现。可以说那些最大的发展机遇，都是我们通过平时的沉淀和努力最终创造出来的。

无论任何时候，机遇总是偏爱那些有准备的人，在企业的发展过程中同样也是如此。任何不想付出就幻想获得丰厚回报的想法都是幼稚的。

　　某企业行政人事部门有个文员叫朱红，因不满意企业给付的待遇，工作态度存在很大问题，对领导或者同事交办的事情能推就推，不能推也是能拖就拖，一心想着找一个更好的机会换部门或者直接跳槽。她的主管了解原因后，给她提了一点建议：在你没有找到新的工作之前，能不能换个角度看问题，当作在这儿是积累经验，为下一次找到一份收入更好的工作做准备？朱红觉得有道理就同意了。在此之后工作态度来了一个一百八十度的大转变，除了完成她应该做的工作之外，有时间还主动帮助其他同事分担事务。一个月后，领导主动提出为她加薪，一年后，她成为了另外一家小企业的人事经理。

这个简单的小故事其实可以给许多对机遇理解不准确的年轻员工以启示：当你进入一个企业，工作两三之后还在原地踏步，到底是自己的原因，还是别人的原因？虽然现在不少人强调选择重要，但真正总结起来，还是选择之后的努力更重要。我们每个人都要记住付出才有回报。在企业中，如果你拈轻怕重、怕苦怕累，你不妨提醒自己：你推掉的不是工作，而是你的未来。机遇其实都不是遇到的，而是自己创造出来的。

很多时候，那些刚进入企业的员工并不真正理解"命运掌握在自己手中"这句话的意思。比如被安排的工作多点儿，他就会觉得累；给点儿新的任务，他就会抱怨说为什么偏偏交给我而不是给别人；让他承担一点儿创造性的工作，他又担心做不好会被人瞧不起；加班的时候又纠结于占用了自己的私人时间。殊不知，他推掉了工作，换得了一时的轻松，却失去了锻炼的机会，也失去了成长的机遇。与那些积极主动、任劳任怨的骨干员工相比，不就是意味着放弃了大好的发展机遇？

在企业日常的运作中经常会遇到两种态度的员工，在企业的一个项目结束后，原本能力上处于同一水平的员工，由于参与的程度不同，受到的锻炼不同，提高的程度就有差别。毫无疑问，那些大有提高的人接下来必然会受到重用，获得更高的职位，也获得更高的报酬。而那些投入不足的员工，也会在之后品尝到发展速度落后的苦果时后悔不已，与其说这是没有把握住机遇，倒不如说是自己没有努力去创造机遇。然而，早知今日，何必当初呢？要知道，个人能从项目中获得能力的提高，对每个人的职业生涯而言，都是受用终生的。凡事预则立，有备才会无患。每位员工要像公司老总一样，对公司的重点工作、大政方针、可能突发的事件，有自己的思想准备及见解和看法。自己有所准备对抓住机遇会有一个非常好的效果的。

职场的发展有一个重要的前提条件，一个人需要对自己的价值有认同与信心,这样才有能量去顾及别人的期望。而这种认同与信心,就是一种积极发挥自身能力的态度。无论何时何地,自身能够积极去创造机遇并且抓住机遇,实际上也是在为企业创造机遇,在这个过程中员工自身的价值和能力就会更加快速地体现并获得提高。总之,员工的价值需要在与企业互动中展现,而企业为员工提供的机遇其实也是对员工付出的一种回报,没有付出就没有机遇,发展便无从谈起,三者的关系是相辅相成的。因此,一个人需要时刻明白自己的状态与位置,更需要积极创造并且抓住每一次实现自己价值发展的机会。

3.

努力成为公司上下仰视的人才

要立志成为公司上下仰视的人才,必然要付出非同寻常的努力,以及拥有无比坚忍的信念。为了实现理想,我们需要拥有"强烈的愿望",而不是随便想想"如果能够实现就好了",这样的想法并不足以支撑你的梦想,而应该是抱有强烈的愿望,甚至废寝忘食地去渴望和思考,让你的全身上下都充溢着这个愿望,即便是在奋斗的过程中遭遇挫折伤痛,我们身上流出来的也要是"成功的愿望"而不是血。这种成为公司内部顶尖人才的坚定信念,是促成我们事业成功的原动力,也是一个企业发展的灵魂所在。

是否有志向成为公司上下仰视的优秀人才,其实是区别一个人对自己以及企业的发展是否拥有激情的重要标准,同时也是预测一个人能否成功的一个基本标准。那些在工作中总是被动的人,必然不会有大的成就。因为他们就像奴隶在主人皮鞭的督促之下劳动一样,会觉得工作是一种苦役。这种人对于工作没有热爱之心,有的人甚至感到厌恶,更谈不上喜欢了。这样的人怎么会成功呢?一个人工作时是否满怀激情,不仅仅会影响工作的质量，还是人格和品质的表现。

世界知名的成功学家卡耐基曾经说过："成功的主要方法之一，就是每天保持对生活的乐趣，对生命充满激情。"对生命充满激情是积极人生态度的重要表现，如果没有激情，那他在一生中就很难获得成功。如果没有足够的激情来支持，任何人都不可能取得事业的成功，即使这个人才智过人、聪明绝顶也是枉然。激情是人生的一笔资源、一笔财富，任何一个人，只要找到了对生命的激情，他就向成功迈进了一大步，历史上那些取得非凡成就的人就是那些对生命充满激情的成功者，对生命充满激情使得他们能够从奋斗和拼搏中体验到别人体验不到的快乐。当别人在为工作苦恼时，他们却在享受工作中的种种甜蜜和快乐，因此他们比别人更容易成为公司里受人仰视的顶尖人才。

一个人如果对自己的事业和工作没有梦想和激情，那么他永远都不会具有自信与自尊。一个人只有在工作上满怀激情，才会得到最高的自我赞许。内心愿望和理想的激情，会使我们实现梦想的过程变得更加轻松和有乐趣。乐观、积极、热诚的心理是吸引成功与幸福的磁石，而厌恶的心理、厌倦的念头是导致失败的源头。不管你内心的愿望是什么，都要由衷地热爱工作，并从中找出乐趣，这样，你才会在实现愿望的时候投入更高昂的激情，从而让你体现出对于企业的重要价值。

那么，拥有了工作的激情之后，我们应该如何去一步步实现自己成为顶尖人才的梦想呢？

有这样一个小故事：

两个年轻人一起到一个工厂打工，甲高中毕业，乙初中毕业。进厂后一个月，甲担任组长，乙是员工。乙默默无闻，总是认真工作，不断地向别人请教和学习，期望有一天像甲一样当上组长。一年后，乙当上组长，甲还是组长。乙工作更努力了，同时参加夜校的学习，下班后也在琢磨工作上的事情，甲嘲笑乙太认真："像我们这样的条件当组长就不错了，丑小鸭还想变成白天鹅？"乙不予置否，仍一如既往地钻研工作业务和管理技能，期望有一天能像经理一样参加总经理召开的会议。五年后，乙被任命为公司的副总经理，甲还是一个组长。

　　从这个例子我们可以看出,有什么样的思想,就有什么样的行动,行动创造自己的未来。这句话无论对于我们的职场还是人生,都是无可辩驳的。要成为公司上下仰视的那种顶尖人才,必然要拥有自身的价值和与众不同之处。我们首先要从内心去认可自己的价值和不同,才能真正在实现这一梦想的道路上不断前行。在日常工作中,并非身居高层或者拥有巨大成就才能体现我们的思想。恰恰相反,无论大事小事,无论是领导还是普通员工,只要能够体现出我们对于工作的态度,那么就同样能够体现出我们内心对于实现自身价值以及成为顶级人才的渴望。

　　　　年仅23岁的沈鹏飞,是沈工公司最年轻的工人技师。进入企业的第二年,他就在全市职工技能大赛中荣获"数控车技术能手"称号,为企业赢得了不小的荣誉。有一次,厂里接到沈阳某工厂委托加工的一批高难度配件,用户要求必须在一个月内加工完毕。当时公司生产任务十分紧张,要想在短期内完成这批任务确实有一定的难度。但为了抢时间、赶进度、满足用户需求,沈鹏飞和工友们加班加点工作在机台旁,连续一个月没有公休,最后圆满完成了生产任务,经质量检查,由他加工的工件全部达到图纸要求。还有一次,一家客户急需加工一件产品,要求第二天上午准时发货。在时间紧、任务重的情况下,沈鹏飞接到图纸后立即组织生产加工。为了尽早完成工作任务,保证按时发货,他们一直干到第二天凌晨终于完成了加工任务。这样一来,既保证了产品的质量又满足了客户的需要,进而为公司赢得了信誉。除此之外,沈鹏飞还在许多机构组织的技能比赛中多次获得大奖,公司从领导层到他的工友们,都以有沈鹏飞这样的同事而自豪不已。

　　其实对于沈鹏飞这样的员工来说,他取得成就只有一个原因,那就是他对于企业以及本职工作的激情,是这种工作的激情支持着他不断完善自身、提升自我,也是这样的激情支持着他为公司完成一项又一项艰难任务,并且不断为公司赢得新的荣誉。这样的工作态度决定了他对企业的卓越贡献,同样也决定了他在公司中令人仰视的地位。

在职场中，我们要记住这样一个普遍真理：充满激情的心态可以让我们满怀斗志，充满智慧的努力则可以改变我们的一切——改变出身、改变社会地位、改变经济阶层、改变思维定式和行为模式、改变性格。只有通过这样的不懈努力，把自己锤炼成一块有价值的"真金"，才能拥有令企业上下仰视的地位和美好前景。其他一切身外之物都不能永远可靠，唯一可靠的是努力工作和真诚做人，当然，要做到这一步，或许要用一生的时间去追求、学习、练习和修正，但收获同样是无比丰厚的，当我们做到这一步的时候，正是职业理想和人生理想实现的时候。

4.

当年的小学徒，当下的中流砥柱

每一个高手都是从菜鸟做起的，每一个企业的中流砥柱人物都是从当年的小学徒做起的，没有谁可以跳过这个步骤。企业的发展依赖那些可以独当一面的骨干员工，然而这些骨干员工同样是在企业不断竞争和人才的新老交替中大浪淘沙后留下来的。正是他们的坚持付出为自己换回了丰厚的回报，同样也帮助公司赢得了客观的收益。在企业的发展之路上，也许闪光灯下出场最多的是这些骨干级的员工，但是我们一定要记住他们当年身为小学徒时的辛苦付出，成为企业的中流砥柱不仅意味着更大的成就，同样也意味着更大的责任，只有那些做好承担的准备的人，才能最终走到这一步。

一个企业里，最需要的是那些关键时刻能够起到支柱作用的骨干员工，而往往最奇缺的也是这样的骨干员工。一个好的企业，必定善于培养与留住骨干员工；如果一个企业既不能培养骨干员工，又不能留住目前的骨干员工，那么这个企业的生命力就岌岌可危了。

那么,作为企业的支柱人物,应该具备哪些特征呢? 首先,他们是一些勤奋而能够对业务在较短时间内掌握的人,同时也是具备超越常人的毅力,并且能较高效地了解业务新知识的人。业务骨干是在长期的努力工作中锻炼出来的,工作积极性不高的人就很难成为业务骨干;其次,支柱员工是很好的上下意思的传达者,在工作的过程中他们能够创造性地执行上级的命令,又能及时处理当前所遇到的情况,同时还能把资历浅的同事的意见反映给领导层。因此,支柱员工是上下级都可以指望的人,他们是企业领导人敢于对外承诺的关键员工,也是下面的同事可以期待得到帮助的最大资源。最后一点就是:支柱员工又需要有一定的人缘,既善于与其他同事协同工作,也能在大家中起带头示范作用,同时还能在处理利益冲突的时候做到礼让其他同事,进而获得威信。

每一个企业的支柱员工都是从新员工、小学徒进化而来的,那么,为什么每一个企业内部的支柱员工都寥寥可数呢? 他们的成长过程有着什么样的过人之处? 我们不妨对那些支柱员工的成长过程做一个总结。

首先,要想成为企业中的支柱员工,就要懂得时刻充电,扩充知识面。当今职场的竞争说到底是职场人学习能力的竞争。职场中每时每刻、到处都有职场人值得学习的地方,不仅仅是文化知识、专业知识,还有包括与同事、上级的相处之道即人脉知识,工作业务的处理方法即业务知识,与客户的沟通以及学历教育提升,等等,都要求职场人学会及时总结充电,不断更新自己的知识体系,随时调整与改变状态,从而适应这个竞争愈发激烈的职场,并不断提升自己在企业中的位置。

其次,一定要发扬主动精神,切勿说一做一,工作要主动延伸。在企业中,员工要将工作主动延伸开去,学会站在上级或老板的位置考虑问题,明确企业分配给你该项工作的重点或目的,在工作过程中不定时地进行汇报,提交相关的数据,并尽可能地做到全面。不能像陀螺似的,抽一下动一下,不抽就不动,这样会使自己在企业中变得很被动,与企业支柱员工的距离越来越远。

再次,要保持积极心态,敢于迎难而上。企业中每个员工对于每天的工作都要保持足够的热情,用积极的心态去面对。尽管有些工作很繁琐,很难办,但事在人为,总会有解决的办法。再者,上级既然分配给你有挑战性的工作,说明对你是有信心的,你通过自己的努力完全是可以完成的,所以接受有挑战性的工作,既是难点也是机遇,而且是成长为支柱员工所必需的经历。

最后,还有很重要的一点就是要有"主人翁"的责任感。在企业中应该树立以主人自居的观念,学着把公司当成家,把同事当成亲人,工作当成自己的分内之事,这个环境中所有的一切都与自己息息相关,不管老板在不在,不管公司遇到什么样的挫折,你都愿意全力以赴,你都愿意帮助公司创造更多财富。达到了这个境界,就说明你已经具备了成为企业支柱员工的基本素养。

李学恩是某电器设备集团设备科从事电气行业的工人技师。最初他进入企业时是一位只有初中文化的农民工,但靠着一股不服输的拗劲儿和勤奋学习的精神,十多年来渐渐成长为独当一面的技术能手。他平时最大的爱好就是看书,遇到问题也肯下工夫去钻研,遇到技术问题总要向厂里的老师傅弄明白才行。几年来,他不仅通过自学熟练掌握了电气方面的专业知识,并且学会了熟练利用计算机进行 CAD 制图。现在,无论电气维修、安装、施工,还是设备选型、调试,对他来说都不在话下。因为具备过硬的技术水平,李学恩多次承担重要任务。有一次,数控车工段在加工一件设备时遇到了技术难题,连厂里的老师傅都没有把握解决,李学恩接受任务后顶住压力,最终提出了最佳操作方案,经过认真仔细加工,产品的各项技术指标均达到了图纸设计要求。接着,李学恩把自己的加工方法毫不保留地教给班组的其他同事,并与大家一起加班加点赶工期,保证了订单的正常完成。

像李学恩这样的员工,在企业中已然跻身于支柱员工的队伍,他们是企业发展的骨干,无论是在企业前进的道路上还是遇到危难的时候,他们都可以说是企业的中流砥柱,发挥着举足轻重的作用。同时他们身上所体现出来的优秀品质,也在影响着企业的其他员工,从而提升整个企业的战斗力。对于任何企业而言,骨干都需要锻炼,也更需要培养,企业要在基层骨干员工的培养上投入更多,高层领导对于基层骨干员工的培养更重视,对于能力建设的工作更舍得进行创新,那么我们就可以期待有更多的支柱员工脱颖而出。

同时,支柱员工身上所体现出来的优秀品质也是综合的,全面的。职场如战场,正所谓"小胜靠智大胜靠德"。一个员工如果有了良好的品质——忠诚、服从、敬业,有爱心,有奉献精神,他就从根本上"赢"了对手,取得了"大胜"。一个优秀的员工最大的特点和本质就是追求卓越、不甘埋没。每个员工的成长往往都是从零开始的,虽然我们处在底层,但这并不重要,重要的是要有好的心态和勤奋学习的态度,以及强烈的责任意识,做事考虑周全,不当职场陀螺。做事心态积极、全力以赴,这才是成为企业的支柱员工所应该具备的素质。

5.

在共赢中,收获了友谊和团队

在如今这个讲究团队精神的时代,即便是我们无法回避职场中新老交替的竞争,即便是我们已经成为了一个企业的支柱员工,我们仍然不可能凭单打独斗去创造自己的成就。一个企业中那些明星员工之所以优秀,卓越的工作能力只是其中一个方面,其他还包括许多团队协作所必需的素质,比如团队配合,比如团结同事,以及协调身边的人力资源去帮助企业渡过一个又一个难关,等等。这也可以称为是一种共赢,团队内部的共赢,不仅在团队协作的过程中为企业创造了更多的价值,而且还收获了自己的友谊和团队,可谓一举两得。

如果我们留心,就会发现,那些企业中的明星员工、骨干力量,除了拥有超越常人的工作能力之外,另外一个重要的因素就是善于团结同事。在工作过程中,他们会通过自己独特的魅力和工作方式成为团队的向心力和润滑剂,让一个团队变得更加和谐,更加有战斗力。他们能够做到这一切,也跟他们平时的细节功夫是分不开的。

比如,当同事正在发言,却苦于无法明白地表达自己的想法时,身为骨干人员就应该站出来,帮他阐明意见。你可以说:"我很抱歉没弄清楚你的意思,你是不是说……"这证明,你有爱护同事之心,并能与同事和睦相处。此外,要学会微笑,无论是茶水阿姨、暑期练习生或总经理,每时每刻都向人展示灿烂友善的笑容,必能赢取公司上下的好感。年轻的同事视你为可以提供帮助的前辈,年长的同事会把你当成好学的晚辈对待,如此亲和的同事关系必有利于事业的发展。此外,还要学会合作和分享,多跟别人分享看法,多听取和接受别人的意见,这样你才能获得众人接纳和支持,方能顺利推广工作大计。另外还有很重要的一点就是不搞小圈子,要学会跟每一位同事保持友好的关系,尽量不要被人圈标为属于哪个圈子的人,否则,会无意中缩窄你的人际网络,对你的发展没好处。要尽可能跟不同的人打交道,避免牵涉入企业政治斗争。不搬是弄非,才能获取更多同事的信任和好感。

除此之外,还要学会有原则而不固执,应以真诚待人,靠虚伪去留住身边同事迟早会被人识破的。在待人接物时要学会手腕灵活,但却懂得在适当的时候采纳他人的意见。要保持自己的原则,切勿万事躬迎,毫无主见,这样只会给人留下懦弱、办事能力不足的坏印象,是没法去团结身边同事的。还有一点就是,当你在公司中的地位得到提升之后,对待同事不要太严厉。也许你态度严厉的目的只为把工作做好,然而在别人看来,却有可能会是刻薄的表现。如果你平日连招呼也不跟同事打一个,跟同事间的唯一接触就是开会或交代工作,试问这样的骨干员工又怎会得人心?

企业之中,人际环境也是相当重要的一个方面,任何企业都是由上级、同级、下级、关联部门、客户关系组成的,有意地调整好小环境,对自身的职业发展、身心健康都十分有益。员工的团结是企业得以不断发展壮大的后盾力量。在职场中,一个不注重团结同事的人必定是公司发展的"拦路虎",也必然会遭到团队成员无情地排斥。

歌德曾经说过:"无论努力的目标是什么,无论他干什么,他单枪匹马总是没有力量的,团结永远是一切具备善良思想的人的最高需要。"团队协作精神是一名员工在职场生存的生命线，然而在实际生活中，我们却总是看到一些人对待他人不是冷若冰霜就是盛气凌人，与老板和同事的关系日行渐远，这样的人，无论本身有多么优秀，一旦在工作中遇到困难就会深感孤立无援，最后一步步滑向失败的深渊。

有良好的团队合作精神才能在公司立足，即使对于身处公司高层的领导或者是地位重要的支柱员工也不例外。一般而言，缺乏团结之心的员工对公司的发展是致命的。公司上上下下，从高层到基层，没有谁更特殊，没有谁能特立独行。即便是身居高层者或者支柱员工，也需要明白，无论是与老板还是同事交往，与其给别人心高气傲的感觉，不如放下架子以换取更多的亲和力，学会主动与他人交流、沟通，你的人脉就能越来越宽泛，你的事业之路就会变得一帆风顺。

著名的苹果公司现如今已是 IT 及通讯服务行业中的佼佼者。无论是 iphone 4 还是 ipad，苹果公司的每一款新产品的问世都会吸引全球消费者的目光。苹果公司能够不断推出新产品，已故前行政总裁史蒂夫·乔布斯自然功不可没。但就是这样一个为苹果公司立下汗马功劳的人物，曾经因为缺乏团队精神而被公司排除在外。

当时，虽然在工作中，乔布斯的优秀能力让所有人无话可说，但与此同时乔布斯表现出了自己独来独往的个性。他虽然才华卓越，却缺乏团队合作意识：他性情暴躁，时常我行我素，对他人指手画脚，甚至会看不起团队里的其他成员。正是由于他的不团结，公司在发展过程中遇到了前所未有的巨大阻力。后来，无奈的股东们经过商议，一举罢免了乔布斯在苹果公司的所有职务。乔布斯在苹果公司的地位一落千丈，从高层主管一下子跌到了基层员工的位置。

这件事情之后，乔布斯痛定思痛，他深刻意识到即使像自己这样身为高层管理人员的人，一旦没有团结之心，最终也只能以失败收场，所以，要想在公司里继续发挥自己的能力，就必须以一种团结的心态和同事相处。不久之后，乔布斯又重新执掌苹果，在以后的工作中，他积极团结团队中每一位成员，与同事充分合作，最终让苹果团队爆发出惊人的创造力，也使苹果的发展达到了前所未有的高度。

可见，在工作中不善于团结他人的人，即使自身再优秀，也难逃被淘汰的厄运。因此，即便已经通过自身的努力赢得了一定的企业地位，也应该时刻将"团结就是生命"作为自己的信条，积极地投身到团队之中。那些获得优异成就与能力强的优秀员工都有一个共同点，那就是具有团结之心。只要积极融入企业的大团队，就必然能够收获除能力之外那些更加宝贵的东西，比如友谊，比如给企业创造更优秀的团队，这一切给企业所带来的共赢收益要远远大于一个支柱员工所带来的。所以，优秀的团队协作素质，也是一个企业中明星员工所必备的重要素质之一。

6.

让自己身处企业核心

做令人羡慕的企业明星，成为企业的骨干力量和核心成员，被领导赏识，被同事喜欢，不断得到晋升，获得优厚的薪水和福利待遇，这是每个置身于职场和企业的人共同的心声和愿望。每个人都希望自己能够在企业中不断取得进步，能够融入到企业文化中，真正成为企业不可缺少的一分子，并且因此获得更多的晋升机会。那些具备优秀能力的支柱员工，会凭借自身的能力一步一步向企业核心靠近，从而收获更多的资源，从而运用它们为企业的发展带来更大的助推力。

从公司运作体系中的"螺丝钉"进化为更高级的"动力系统"甚至"控制系统"，是每一位拥有上进心的员工的梦想。但是，也有不少本身专业能力并不低的人有一个共同的感受，就是自己做过许多的努力，却始终局限于企业"螺丝钉"的境界,对企业所发挥的作用以及所做的贡献也没有得到更大的发展和提升。相信这是不少优秀员工甚至是企业的支柱员工所面临的问题,如何朝着企业的核心更进一步,从而更大限度地发挥自己对于企业的推动力,是成长之路上必须要思考的一个问题。

要想实现这个理想,除了要有明确的目标、远大的理想之外,还要有信心和行动,这样我们才能一步步走向自身发展的顶点。从另一个角度来说,其实,这种想法就是希望自己的表现能够得到认可,能够通过自己的劳动和努力获得自己应该得到的东西,能够从自己的工作中获得成就感。如果我们的发展出现问题,已经具备了优秀的专业能力却依然没有实现我们的目标,那么就要用更加全面的眼光去寻找问题。

首先从自身找原因永远是正确的。要想把专业能力提升到更高的境界,就要去了解绩效导向、目标第一的工作原则。以工作任务目标为核心并注重实现目标的各个环节,其实就是个态度问题,你是想尽快交差还是想把任务完成得更好,无论从心态还是从最终的结果来说都是有区别的。积累成就卓越,在工作中学习,在学习中成长,这个道理很简单,就是要比别人多做一点儿,这看似为企业、领导付出了更多,其实是为自己多争取一次机会,只有超额付出才能有超值收获。

其实,从另一个角度来说,每一个员工都是企业的一分子,企业也需要有员工来发现并解决企业发展过程中遇到的问题。"发现并解决"正是问题的关键之处。通常来说,认识到这个问题的员工,往往会比那些只知道完成任务的员工取得的成就更大,进入公司核心层面的机会也比其他人更多一些。

如今,在竞争日趋激烈的职场,即便是通过自身卓越的能力取得了一定成就,成为了公司的骨干员工,但如果只知道埋头苦干,而不懂得把自己放在更高位置的角度看问题,那么这位员工既不会很好地理解执行的出发点,也不能一如既往地保持高效率的工作。世界著名管理大师安迪·格鲁夫在一次演讲中说道:"无论你在哪里,从事什么样的工作,都应该把公司当成自己的,而不是老板的,抱着老板心态去工作,凡事像你的老板一样去思考,这样你做事的成功率就会大一些。"这句话值得许多人深思,工作的出发点决定企业对你的回报。如果你执行一切任务的出发点都是为了薪水,那么你的工作境界就会局限在一个较低的层面上。反之，如果能够站在公司全局的角度去思考问题，以此作为执行的出发点，就能保持高效率的工作，也有助于加快自己从骨干员工向核心员工转化的过程。

在1961年的时候，韦尔奇在通用公司只是一名年薪一万美元的普通工程师，那时他发现自己虽然能力非凡也取得了一定成就，但是始终局限在工程师的位置上，于是，他决定做些什么去改变这一切。就在这个时候，公司经理的职位因为人员调动出现了空缺。韦尔奇决心要抓住这个机遇。他找到领导说出他的想法，却受到了质疑，领导显然并不信任他的能力。韦尔奇认真地向领导介绍了自己看市场的眼光、对人和工作的态度，整整用了一个多小时，试图说服领导。最后，领导似乎明白了韦尔奇是多么需要用这份工作来证明自己能为公司做些什么，他对韦尔奇大声说道："在我认识的下属中，你是第一个主动向我要职位的人，我会记住你的。"

然而这并没有使得韦尔奇放弃，接下来的几天他仍旧不断给领导打电话，列出他适合这个职位的其他原因。一个星期后，领导打来电话，告诉韦尔奇，他已被提升为部门主管聚合物产品生产的经理。再后来，韦尔奇又被提升为塑料业务部的总经理。当时他年仅33岁，是这家大公司有史以来最年轻的总经理。最后，他凭借自己对公司做出的卓越贡献，坐到了董事长兼首席执行官的位置上。最终，被誉为"世界第一CEO"的杰克·韦尔奇在他20年的任期内把通用电气集团带入了辉煌。

韦尔奇的经历让我们明白，如果你想要更加接近企业的核心层，就必须去做点儿什么，要行动起来，在这个过程中有一个重要的诀窍，那就是要学着用企业所有者的眼光去看待问题，这样才能发现自己工作中的更多问题，然后运用自己的能力去解决，在这个过程中必然会收获更多以前领悟不到的东西。

在很多员工看来，老板是雇主，处于高高在上的位置，员工是雇员，处于辛勤劳动的生产第一线，其实不然，虽然二者有雇佣的合同关系，但从双方的利益点来看,二者是一种合作双赢的关系。员工为老板创造价值,老板给予相应的回报。员工在企业中所处的位置,取决于他愿意为企业考虑多少。如果脑子里只装着员工的思想,那么工作质量再高也仅限于员工的职责范围;如果脑子里装着整个企业,那么他就会从全局的角度去看待问题,无论是在发现问题时还是在解决问题的过程中,都会有更加全局性的思考。而这些正是企业核心层员工所具备的素质。

积极的心态,良好的个人修养,扎实的工作,不断学习与超越,是成为职场明星的正确途径;而用全局的眼光去看待问题和发展自己,是走向企业核心层的必经之路。如果想要在优秀的基础上更进一步,那么不妨试着用企业核心成员的眼光去面对工作,也许一段时间之后你就会发现,自己的位置真的发生了变化。

7.

成为企业梦想的制造者和传播者

管理学大师彼得·德鲁克曾经说过一句话:"每当你看到一个伟大的企业,必定有人做出过远大的决策。"那些已经成为企业中流砥柱的明星员工对于企业而言,不仅仅是组织者、领头人,更是企业中每一个个体的精神支柱。一个企业的凝聚力不在于企业领导或者骨干员工本身,而在于员工心中关于企业的梦想。一个优秀的明星员工,不仅是一个优秀的梦想家,而且还是一个优秀的分享者,善于把自己的梦想分享给身边的每一位员工,在这个梦想的传播过程中,会逐渐建立起属于整个企业的梦想。

有人说,作为一个企业的明星员工甚至核心领导层,不仅要学会分享自身的能力,同时也要分享思想、分享梦想。一个员工也许不能得到所有人的认同,但只要通过制造和传播梦想,能团结一群有相同价值观的人建立一个团队,形成一种文化,那么这个企业离成功就不远了。作为企业的骨干分子,要经常与自己的核心团队和身边的每一位员工静下心来沟通:一是分享自身的知识以帮助大家共同提高,并且让大家明白实现这个梦想对企业的每一个人有什么利益和好处;二是帮其他员工规划好自己的职业目标,帮他们建立起自己的梦想,只有这样他们在努力做事的时候才不会认为自己只是在为老板打工,而是把工作当作实现自己梦想的平台,从而激发他们的潜能。

联想集团在成立早期,曾经面对很多诱惑,战略执行一度受阻。据了解,联想集团早期由中科院计算所投资20万创办,发展几年后,便打开了市场。之后联想迈入成长期,在这个过程中遇到了很多诱惑。柳传志首次披露说,民生银行刚创立的时候,曾经有人来找他投资参股,他拒绝了;后来房地产产业瞬间崛起,有人建议他投资成立房地产的子公司,他仍然选择拒绝。柳传志略带苦笑地说:"我有一个企业朋友投资了民生银行,从2亿变成了几百亿;而那些投资房地产的企业也赚得盆满钵溢。但我觉得,别人做的发财事儿我们没做,不用感到遗憾,但是如果自己梦想的事情没做,我们应该感到遗憾。这就是企业成长过程中的'心无物'。"正是柳传志和早期创业团队对于"创一流电脑品牌"梦想的坚持,才有今天中国市场第一、年销售额过千亿的联想电脑。

可见,梦想不仅能够成就人生,也能够成就企业。正是柳传志对于梦想的执著以及他对于企业梦想的制造和传播,造就了联想这个梦想企业。其实,现在"梦想"在企业有另一个词来表述,叫"愿景"。管理专家认为,作为总裁第一大任务不是别的,就是制定企业战略与公司愿景,就是要靠愿景鼓励人、指导人。那么,如何去做一个善于制造梦想和传播梦想的企业人呢?

首先要学会高调地去宣传自己和企业的梦想。一个优秀的企业,对外可能低调,但对内宣传梦想时绝不会低调。好的企业员工在对外传播企业梦想的时候,也许有的比较高调有的习惯低调,但在企业内部进行企业梦想、企业文化的宣传时,都是不遗余力地高调。他们往往通过企业内部培训、企业各种活动、企业刊物进行宣传和引导。例如,一些企业的领导或者骨干会亲自写文章对企业员工进行引导,让员工知道自己在想什么,让企业形成共同的价值观、使命感。比如华为的任正非,他可以算是中国第一低调的老板了,他确实有条件这么"牛"、不靠任何商业宣传而把企业做大。平时他是神龙见首不见尾,从不公开露面,但他为内部员工亲自写的几篇文章却广为传播,如《华为的冬天》《北国之春》《我的父亲母亲》,等等。这些文章员工爱看,社会上的人也爱看。在这些文章中员工的梦想、企业的梦想得到了更加深化地推广和传播,从而影响了企业的每一个员工,让企业梦想更加深入人心。

此外,那些优秀的企业员工在制造和传播企业梦想的时候,通常都非常注重方式,就是说不仅要会制造梦想,更要善于传播梦想,要学会讲梦想。注重形成自己文化的企业老板,一般都会讲"故事",把企业的价值观通过这些"故事"体现出来。中国最会讲故事的企业家应该说是张敏瑞。他的企业故事如"砸烂72台不合格冰箱""生产会洗红薯的洗衣机""日清日洁"等大家都耳熟能详,而这些故事得以传播并不是做广告的结果,而是新闻传播的结果。张敏瑞通过这种渠道,在与记者的对话中、在自己的演讲中不断讲这些"故事",使海尔的梦想和价值观得以很好传播。有了这样的传播,企业梦想才会更加深入地影响企业员工,进而影响整个企业的企业文化。

所以说,那些企业中的骨干员工以及核心员工,不仅仅要制定企业的目标,还要把这个目标变成一种梦想,并且不遗余力地去传播它。传播企业梦想,不仅可以帮助企业组建起属于自己企业的团队,也有助于增强每一个企业成员对于企业未来的信心。学会制造梦想和传播梦想,是优秀的企业人必不可少的一项技能。

总而言之,对于人生来说最重要是秉持信念,而对于企业来说要想走得长远就必须坚持以"梦想—行动—成果"三步协调连贯的步骤为企业准则。有些企业之所以没有发展成功,往往不是准备不足的原因,而是出在了企业内部员工的企业梦想问题上;一个企业之所以发展缓慢,则还是要归罪于这个企业的企业梦想传播得不到位。其实,梦想对于企业从一开始就具有非常重要的影响力，它凝聚着企业的信念，也承载着企业的希望。那些已经成为企业骨干人员或是核心层人员的员工价值，除了体现在他们所担负的责任外，更多的还体现在他们在企业梦想的制造和传播过程中所起到的作用。一个企业的性格往往彰显的是这个企业团队的性格，因此只有善于制造和传播企业梦想的人才能胜任骨干员工乃至核心层员工的职责，他们的努力会使得企业这艘航母最终驶向胜利的彼岸。

8.

既要做打江山的人，又要做守江山的人

对于企业而言，什么是打江山的人？就是在企业诞生之初带领企业打开局面闯下一片天地的人。对于个人而言，打江山的时候往往会拼尽全力，全神贯注，冲破重重困难，取得成功。而守江山的时候呢，各种先前被认为并不重要的矛盾，甚至是鸡毛蒜皮的事情也全都来了，把小事当成了大事情来做，把小问题看成大问题，让人觉得比打江山的时候还要困难，让人伤透脑筋，其难度并不比打江山的时候小。那么，如何能够在打江山与守江山之间做到二者兼顾呢？这需要每一位企业人认真去思考。

对于一个企业而言，在打江山的阶段，有一个共同的显著特征，那就是会产生精神领袖，这其实是企业凝聚力空前强大的体现。在企业内部，精神领袖是企业的核心，他们能够统一员工的整体价值观，影响员工的思维和行为，引领企业的发展，推动企业的变革；对外，他们可以说是企业的象征，以个人魅力强化企业的品牌，并通过自身向社会大众展现企业文化和企业的价值观。

不过，根据企业生命周期理论的描述，任何一个企业或者行业的发展都需要遵循一定的规律。通常一个企业都会逐渐从高速发展期过渡到成熟稳定期。成熟期意味着那种依靠企业精神领袖带领员工打江山的时代已经一去不复返了，企业已经完成了"打江山"的任务，逐渐在行业中占据一席之地。那么接下来的首要任务，就变成了如何去"守江山"，如何让企业在逐渐成熟的过程中不断发展壮大。当一个企业只有几十甚至几百员工的时候，可以依靠领导者的个人魅力来影响企业员工，也可以依靠领导者出色的组织能力来管理员工。但是，当企业规模发展到几千人甚至上万人的时候，就很难再完全依靠企业领导者一个人的力量去影响并管理所有的员工了。在商界，这种依靠个人魅力带领企业迅速崛起但是不久就开始走下坡路的例子数不胜数。

　　企业"打江山"过程中出现的精神领袖进入企业的成长期后该如何重新定位自己呢？不同时期的企业需要不一样的管理方式。随着企业内部和外部环境不断变化，精神领袖存在的各种条件也有可能逐渐消失。那么，在一个开始全力"守江山"的企业中，精神领袖们是不是已经没有用武之地了呢？我们可以把目光放得更远去寻找答案。在很多传统行业中，历史悠久的大企业很少会带有浓重的个人色彩，甚至有不少企业的创始人都已经逐渐被大众所遗忘，而企业的领导者也是经常更换交替，极少存在某位领导者是这个企业的精神领袖或者说已经成为这个企业的一种符号象征的现象。很显然，这些企业的成功，已经不是依靠某个领导人的卓越才华，而是依靠其自身步入正轨的制度体系和传承已久的企业文化。处于这个阶段的企业，渐渐淡化了企业管理中浓重的个人色彩，实现了从依靠"精神领袖"到依靠"制度文化"的过渡。这样的企业中，企业领袖最大的任务已经变成不断地完善制度和发展企业文化，这才是"守江山"的正确途径。

　　我们也可以留意一下那些全球范围内的大型企业，尤其是那些历史悠久的企业，比如在通用、可口可乐、IBM 等企业，我们已经很难看到精神领袖的存在。相反，不难发现，那些精神领袖风格浓厚的企业，通常仅有十几年、二十年的历史，大多都是在 20 世纪 80、90 年代前后出现，那时正处于企业飞速发展的变革时期。也正是在整个市场的混战时期，一些具有个人魅力的领导者，带领企业闯下了一片天地。在这种环境下成长起来的企业，不可避免地要打上领导者个人的印记，可以说，在这个阶段，企业精神领袖的作用是为企业"打江山"。

然而，从精神领袖本身来说，个人的局限性决定了精神领袖不可能在企业中长期存在下去。从"打江山"到"守江山"的企业转变，要求领导者同时也转变自己的管理思路，不再是凭着一腔热情带领企业杀出血路，而是逐渐将企业引向更平稳的发展和管理之路。俗话说："不能把所有的鸡蛋都放在一个篮子里。"做企业也是一样，不能让整个企业都依赖于某一个人或者是几个人。假如这个人离开了，那企业该怎么发展？以苹果公司为例，我们看到了乔布斯对于苹果的重要作用，也看到了乔布斯去而复返又重掌苹果大权。但是，苹果不可能永远依靠乔布斯，如今乔布斯已经辞世一年，苹果公司的发展也因此受到了不少影响，前些时候推出的新一代 iphone 也广受怀疑，接下来，没有乔布斯的苹果该如何发展，如何去"守江山"，相信许多人都在关注。

不过我们也不能仅仅根据这些就断言企业稳定发展时期就不再需要精神领袖，这只是说精神领袖具有很大的局限性，这是无可否认的事实。那么，是否存在一种相对比较平衡的方式，让一个企业的精神领袖作用得以发挥的同时又能够最大限度地避开弊端呢？这归根结底还是要走到建立企业制度和文化的道路上去。这需要企业把精神领袖的理念融入到企业文化和制度之中，把"企业家文化"转化成企业文化。不要仅仅用精神领袖的影响力来引领企业，而是用融入了精神领袖理念的制度和文化来管理企业。这样一来，处在企业发展的某个特定时期的领导者就能够把自己的思想精髓不断在企业内部传承下去，从而在更长的时间、更大的范围内影响企业和员工，从某种意义上来讲，成为企业永恒的精神领袖。

对于那些曾经带领企业"打江山"的精神领袖来说，在企业度过了最初的拼搏期后，他们需要卸下精神领袖的重任，转而去全力推动企业制度的建立。通过制度的建立，让一个企业的"打江山"精神融入和传承到"守江山"的精神中去，只有如此，一个企业的生命力才能得到加强。对于企业而言，"打江山"和"守江山"的方式完全不同，用"打江山"的方式来"守江山"将注定失败。而那些突破了发展瓶颈的百年企业，所依靠的正是那种既能够"打江山"又能够"守江山"的企业精神。

第七章

公司的骄傲,是因为他花时间培养了一个你

　　当你在一个企业中真正成长起来,凭借自己对企业发展的独到眼光和超凡能力取得一定的企业地位的时候,你的职场人生将进入一个崭新的阶段。你不仅是众人眼中可以拯救企业于水火的超级员工,更是企业中可以独当一面统领全局的核心人物。这个时候,不仅员工会心甘情愿地追随你,企业也同样会心甘情愿地培养你,你会发现企业老板对你的态度已经发生了微妙的变化,你已经不仅仅是他的企业的人才,而且已经成为这个企业发展的依靠和希望所在。这个时候你必然会有新的领悟和收获,无论是对于职场还是人生,你会站在更高的角度去思考问题。而且更重要的一点是:你对于企业的影响已经深深地扎根在这个企业的文化之中了。

1.

眼光和定位，已经让你无可替代

众所周知，在当今这个知识经济时代，一个人的能力是事业成功的基础。然而能力其实就像一把双刃剑，既可以为我们带来事业的成功，也有可能让我们误入歧途，因此还需要另外一样东西来驱使它，那就是责任感。责任感就是对使命的忠诚和信守，它是一个人的高贵品质。作为一名企业人，责任感是立身之本，是一个人求生存谋发展的重要品格。在企业中，我们需要强烈的责任心去给自己定位，而对于企业发展的独到眼光也需要有对企业的责任心作为基础。因此，责任感才是我们能做事、做成事的基础，同时它也是催化剂，是成功必不可缺的推动力，只有那些对企业拥有独到眼光和自我定位的人，才是真正无可替代的。

在日常工作中，我们都知道"态度决定一切""细节决定成败"等这些显而易见的成功规则，这些归根结底其实就是一句话："强烈的责任心能使我们将自己的能力充分发挥。"强烈的责任心，也将使我们的工作变成一种乐趣，正如俗语所说的"假如你热爱工作，那你的生活就是天堂；假如你讨厌工作，那你的生活就是地狱"。一个拥有如此眼光的员工，才能真正为企业尽职尽责，把自己的能力和作用发挥到极致。

一个人怎样才能比别人更成功？华人最杰出的企业家之一李嘉诚曾经说过："你要比别人努力两倍以上，并且要拥有更远大的目光。"在一个企业里，有时候会有一些能力和天赋很高的员工，他们凭借优异的表现一开始就受到领导的格外关注。但是，他们没有把自己的能力和天赋运用在对的地方，甚至常常靠耍小聪明来对工作敷衍了事。对于这样的员工，企业自然不会委以重任，甚至往往会忍痛割爱。所以，衡量一个员工的标准不仅仅是才华，而且还要包括责任心与自身定位。有能力仅仅是一方面，要想在企业中发挥更加重要的作用，还需要对于企业有独到的眼光，以及对自身有更加清晰的定位。

对于企业的发展拥有独到眼光的人，无论是对于公司的资源情况还是对于外界环境，通常都能够看得更加清楚透彻。那么，我们如何去培养自己的远见呢？实践是重要的途径。在企业中，优秀员工的责任感已越来越成为领导力发展的重要元素。一个具有员工责任感的企业，的确能获得更高的声望和更多的利润。而这种责任感，也更有助于培养员工对于自身和企业发展的远见。

信息时代的到来和全球化技术革命的发展，对企业发展提出了新的要求。如今的企业在做好今天的事的同时，更需要关注未来的发展。创新也不再仅仅是对需求的"快速反应"，更要基于前瞻性的战略眼光。这些都关系到"有远见"的企业员工。如今，远见这个词已被用得非常频繁，以至于提到"远见"，我们可能会立刻想到它在企业发展上的广泛应用——"有眼光的事情"。那么对于企业发展来说，到底什么是"远见"呢？

真正有远见的人，能带领企业到达一个更高的境界。有远见的人，能唤醒和指出人内心的力量。他们乐于指导他人，鼓舞人们实现更大的可能。在企业中，这样的人往往能够对其他员工甚至是整个企业起到决定性的影响，从而让他们变得更加具备战斗力，并且让企业的发展达到一个比较高的速度。对于企业中的每一位员工来说，"远见"是一种能力和品质。"有远见"的员工热情，智慧，有信念，有才干，他们面对机会时会贡献出他们最大的能量，而其他人也会从他们的决定中受益；有远见的员工会拥有广阔的视角和对未来的预见；有远见的人善于表达，但是有远见的员工更善于将企业的发展计划转化为可执行的行动力，并制订出明确的、可达成的目标，从而实现他们对未来企业发展的预见；有远见的员工会创造核心价值观，这对未来的发展、相互信任的关系，以及整个企业创新的体系都大有好处。

对企业核心价值观的坚持，是所有有远见员工最明显的特征。对于核心价值观的一贯坚持，让他们比其他人考虑得更多，并遵从内心的决定。

　　天木蓝鞋业的管理者斯沃茨就是有远见并且坚持核心价值观而带领企业走向成功的有力证明。天木蓝是顶级休闲品牌，在一次竞争麦当劳的制服业务中，斯沃茨获得了这笔15亿美元的生意。他获得成功的关键就在于他的远见以及企业核心价值观。

　　当麦当劳的负责人等着看斯沃茨带来的样品的时候，斯沃茨说："我们没有带来任何服装样品。"斯沃茨认为天木蓝能给麦当劳提供的是一种文化而非简单的商品。"任何厂商都可以给你们制作服装，"斯沃茨说，"但是我们想表达的是，员工与公司之间是一种合作伙伴的关系，我们要培养和建立这种有着相同价值和价值观的合作伙伴关系。"他对于企业的这种独特眼光和远见，说服了麦当劳，并最终促成了这笔交易。

　　在企业中，有不少员工不愿意发表自己的远见，因为担心受批评。但是要知道，首先，所有"远见"总是受到"短视"的挑战；其次，如果企业的决定是围绕着核心价值观，那么对待批评的态度，完全可以有则改之，无则加勉。有远见的员工能将他们的远见转化为未来的蓝图，并为如何达到目标指明方向。通常，那些最有远见的员工能为企业的未来提供清晰的观点，指导他们的企业或者其他员工得到更好的发展。这不仅能帮助员工和企业，甚至他们自身也因此发挥出了更大的潜力。

　　其实员工的发展与企业息息相关，要想发展得更好，一定要有远见，具体到实施行为上，就是要有发展战略。实际上，战略就是构建有远见的能力。无论是企业领导还是普通员工，企业上下都要构建起洞察、判断、预测、决断这些能力。如果你洞察到问题了，又有决断力，你就会占据先机，这就是有远见，就会获得远见能力带来的超额收益，同时会让自己在企业中变得无可替代。同样对于企业来说，"远见"也是一种能力和品质，能够准确预测行业未来。能够把未来转换成实际行动的主导者，才能够让企业朝着更大更强的方向发展。

2.

以工作能力来促使公司心甘情愿培养你

在企业中，很多人把"分内事"和"分外事"分得非常清楚，只要他觉得一项任务不是自己的"分内事"，就会躲得远远的，就算自己闲着，也不愿意多搭把手；还有一部分人则会常常主动做一些"分外"的事情，而且总是尽自己最大的努力去做。事实上，前一种人往往得不到企业和领导的重视，而后一种人通常总是能够为企业和老板解决问题，同时他们自己也能够获得好的职位和新的升职机会，最终成为企业越来越倚重的人，这些人才是拥有大智慧的人。因为一个人的工作能力，必须要通过工作才能体现出来，那些不吝于体现自己工作能力的人，往往也是公司心甘情愿去下力气培养的人，也容易体现自己对企业的贡献。

日常工作中，有些人只求分内的工作尽职尽责，老板或者领导没有安排的工作或者是自己职责范围以外的工作就不会主动去做了，这样的员工更不会发挥自己的主观能动性去开创工作了。正因为如此，他们的工作往往也只是平淡、平庸，不会有突破，更不会有所建树。相反，另外一种人呢，在企业中无论他是管理者，还是普通职员，他们都不会局限于做自己分内的事，抱着这样的工作态度，往往能使他们从竞争中脱颖而出。同时企业的领导、老板，以及他帮助到的人都会关注他，甚至会形成一种依赖，从而给这些员工提供更宽的平台、更多的培养机会。

很多在企业中已经具备一定身份的员工都曾经用亲身经历告诉后辈：职场中人，尤其是那些初入企业的新人，不要过于计较工作是"分内"的还是"分外"的，有时候多做一点儿事，不仅能让老板看到自己是"好用"之人，还能在不断接触新事物中磨炼自己，增加自己的附加值，有百利而无一害。这样虽然表面上看来工作量增加了，劳动报酬却没有变化，好像是吃亏了，但就长远的职业发展来说，却是迈向成功的第一步，实际上是有很大收获的。

张博是一家超市新招进来的一名员工,每天的工作内容就是帮助企业运送货物,然后把货物摆放在仓库的架子上,可以说张博的工作是超市最基层的工作,而且也是最辛苦的工作,这让一些同事并不把他当回事。他们心里都觉得,如果企业要辞掉一些人的话,张博这样的员工肯定是最先被裁掉的。然而,出乎所有人意料的是,一段时间之后,张博竟然成了老板眼中最有价值的员工。那么他究竟是怎样做到的呢?

平时,张博是个勤快而且能干的小伙子,虽然每天完成自己的工作任务就已经很累了,但是他还是闲不下来,他经常告诉包装部门的经理说:"我把货物搬完之后可以帮助你们包装,这样我还能多了解一些你们部门的工作。"就这样,张博经常大把地把自己的时间花在帮其他部门做一些"分外事"上。有时候下班了,还在别的部门里忙乎。他还跟畜产部门经理说:"我希望有空闲时来这里多帮帮忙,我想了解你们包肉和保存的过程。"同样,他还分别到烘培、安全、管理甚至清洁部门帮过忙,企业的部门几乎被他转了一个遍。

几个月过去了,张博几乎走遍了企业的所有部门,每个部门的工作他几乎都做过,一旦有某个部门的员工有事请假,部门经理第一个想到的就是让张博来暂时顶班。一年后,经济大环境的萧条导致企业经营状况恶化,老板只好进行裁员以节约成本,辞掉了一些员工。有些人觉得张博这次肯定会被辞退,然而他却被老板留了下来。后来经济危机过去了,企业的经营状况又开始好转,这时候恰好有个部门经理的位置空缺,老板又毫不犹豫地把它给了张博。

在职场中,当我们在公司被安排一项自己"分外"的工作时,我们千万不要有丝毫的抱怨,而是应该主动去做、乐意去做,要尽可能地多做一些,多学一些,这样就能对企业的整体运营有一个很好的了解。这样,终有一天,我们也能像张博一样变成企业内解决问题的专家,而这样的员工也是老板心中最有培养价值的员工。

在工作中,当同事把一些原本不属于我们的工作托付给我们时,或者老板在我们忙得不可开交时又交给我们一件额外的任务,我们都应该在条件允许的情况下尽量选择接受,而不是逃避。我们可以换个角度来看待这件事:无论是谁的工作都是企业的事情,只要不影响自己的工作,就不要区分工作是分内还是分外的了,因为即便这项工作不是自己的,但是我们完全可以把它当成一个锻炼和学习的良好机会,可以学到更多的技能,熟悉更多的业务,对自己的职场发展有很大的好处,而且,在替别人做工作的同时,我们也能够很好地展现自己,还能促进和同事之间的关系,如果我们能够把工作做得很漂亮很到位,一定能让老板对自己的能力有更进一步的了解,并且会让他觉得,你是一个肯为企业着想的员工,这样的员工必然会得到更多培养和重用的机会。

任何一位员工进入企业都会面临这样一个问题:怎么才能让企业知道你很有能力? 其实很简单,那就是通过积极表现显示出你的能力。同样,老板判断你是不是有才能,也是通过你的表现得出结论。在这个世界上没有任何一个人是专门为了发现你的能力而存在的,所以你应把自己的能力表现出来。比尔·盖茨说:"这个世界并不会在意你的自尊,而是要求你在自我感觉良好之前先有所成就。"懂得了这个道理,你就会在工作的过程中不再计较到底是分内还是分外的工作了。一个想靠自己能力和才华在职场上生存的人,更应该注重表现自己,要利用那些工作中的表现机会,让企业和领导意识到你的能力,并且用自己勤奋的工作态度,让老板认识到,你才是企业中最值得去培养的人才。

3.

成为那个挽回败局，救公司于水火的人

　　任何一个企业都需要有那些在重要时刻能够帮助公司渡过难关的关键人物，而每一个职场人士也渴望自己能够成为企业的关键人物，但什么是关键人物？又该怎么做，才能让自己从企业的普通员工变成拥有独到见解和重要作用的关键人物呢？用最简单的话来说就是：如果公司突然交给你一个重要任务，并要你在短时间内完成，你必须有兵来将挡、水来土掩的能力与决心，千万不能有手忙脚乱没有头绪的表现。在那些公司遭遇僵局处于水火之中的关键时刻，如果你都能够力挽狂澜，通过自身的能力和努力为公司化解危机，那么你必然就会成为公司的关键人物。

　　在一个企业中，除了那些传统的管理者和员工的划分之外，还有一个特别的群体，那就是关键人物。这些人在企业日常的工作中通常拥有他们自己的行为方式，在遇到同样的问题或者接受同样的任务时，他们能把事情做得与众不同。这样的人往往能领导其他员工，能把员工凝聚在一起。对于一个企业来说，真正的关键人物是那些能在混乱中挺身而出拯救公司的人，是富有创意，具有凝聚力，并且能够控制事态发展的人。很多人也许会惊讶这些关键人物的能力和才干，会羡慕他们所扮演的关键角色，但更值得大家思考的是：为什么只有他们才能在企业团队中成为关键人物？

　　要成为关键人物，就不得不在工作中比其他人付出得更多，同时必须自己计划好自己的工作，坐等他人指导的员工永远成为不了企业的关键人物。那些在工作中倦怠的人就相当于放弃了自己创造价值的绝佳机会，也放弃了成为关键人物的机会，因为一个人对周围人的态度决定了他在企业中发展的成败。营销大师赛斯·高汀说过，每一家成功的企业都至少拥有一位关键员工，这不仅是企业达成目标不可少的因素，更是推动业务上轨道的引擎。少了关键员工，公司面临考验时，就有可能会无法团结一致应对危机，企业的发展也会失去明确的方向。

举例说明，一个优秀的营销人员跟一个表现平平的营销人员相比，表现突出的营销人员可为公司开拓新的市场，在困难的环境中争取到少数关键的大客户，为公司带来可观的收入。优秀营销人员所创造的价值比起普通营销人员可能高达千倍以上，虽然两者之间在大部分时间里所做的事情看似极为相同，比如拜访客户，给客户打电话联络感情，等等，但最终的效果为何会出现如此大的差距？归根结底，职场上有少数人之所以能成为关键人物的原因在于，他们会更加全面地了解公司以及自己的职责，会替公司描绘未来蓝图。如果我们仔细观察关键人物的作为，会发现他们通常具备以下几个比较独特的能力：能够为企业提供独特的创意，善于接手复杂的工作和任务，善于激发员工士气，能够提供深度的专业知识与具备独特的技术或能力等。因此，如果你想要成为公司里的关键人物，可朝以上这几个方向努力，进一步强化自己的实力。

在企业中，有的人对工作失去热情，得过且过。这类人从来不会想要努力去达成某个目标，对外界的刺激也从无任何反应，成为抽一鞭子才会往前走一步、不紧盯他们就不会往前移动的员工。还有的人不满意现状，但又没有勇气去改进自己的工作和状态，这类人对自身的工作与外在世界严重缺乏热情，却又非常执著墨守成规的工作方式，害怕改变，也无力改变自己在公司的地位，只好不停地抱怨。与这些员工形成强烈对比的是，那些关键员工往往能够客观清楚地看待世界，并专注于有机会去改变的事物上。他们会把热情带到工作中去，不断地总结经验来得知未来的正确方向，他们会目标明确地努力前进，把所有精力聚焦于达成目标上。

著名的微软公司之所以发展成今天的帝国，与比尔·盖茨这个关键人物是密不可分的。历史上，比尔·盖茨曾两次凭借先行一步的远见而令对手胆战心惊。第一大远见是在 20 世纪 70 年代，他预言要使电脑进入每个家庭；第二大远见计划始于 20 世纪 90 年代末，他认为，在未来的新世纪里，网络会变得越来越重要，而个人电脑不再只是孤立的存在，将变成连贯网络的一系列设备中最重要的一种。比尔·盖茨显然没有信口开河，他付诸了实际行动，最终用行动和结果证实了他对于微软发展的关键作用。无独有偶，微软中国区一把手唐骏当初为什么能从微软上千名工程师中脱颖而出？正因为他是第一个以实际行动提前了 windows 系统中文版问世时间的人。当年微软系统中文版的开发遭遇困境，研发进度大大落后，当别的工程师还在抱怨为什么中文版要晚整整一年才能进入中国市场时，唐骏做出了一个让所有人吃惊的举动：他跑进比尔·盖茨的办公室，要求提供人员和支持，他可以尽快实现同步汉化。结果中文版操作系统的提前问世使得中国成了微软很大的一块市场。无论是比尔·盖茨还是唐骏，对于微软这个企业而言，他们都是非常关键的人物，因为他们的工作和能力直接影响了整个微软的发展历程。

通过总结我们不难发现，那些企业中的关键人物，往往具备很多优秀的素质：有职业道德、有敬业精神、有团队意识、有责任意识、能同甘共苦、能创造利润。所以，用能力为自己定位，用工作成果证实自己的实力，用踏实肯干来引发注意，用执著来拒绝放弃，是我们成为企业核心人物的唯一途径。不论何时，我们都应该首先认真做好本职工作，因为工作其实就是一种积累，我们在处理业务中积累工作经验，再进一步学习人际交往、锻炼能力等各个方面，不断提高自身的综合素质。今天的成就是昨天的积累，明天的成功则有赖于今天的努力！如果我们未来想要成为企业的关键人物，那么就应该从自身的能力提高和发挥做起，只要坚持下去，必然能够在企业中成为像比尔·盖茨和唐骏那样的关键人物。

4.

你的能力,让老板对你越来越客气

在职场中,被老板器重,尤其被那些位高权重、能力超强、绝顶聪明、声名显赫的老板器重赏识,是每一个人的梦想和奋斗目标,但是要做到这样绝非易事,这并不是表忠心、搞人脉、多加班就能够实现的。事实往往是:能够令那些苛刻强势、追求完美的老板另眼看待的员工必有过人之处。这些人能够赢得老板的器重和尊重,不是因为偶然,而要经过不懈努力以及能力体现,这是一个充满挑战的过程,没有人可以一开始就赢得公司老板的尊重。

在企业中,赢得老板的尊重,让老板对你越来越客气,只能凭借自己的能力去实现。但是职场本身的复杂性决定了单靠实力并不足以实现这个目标,我们还需要掌握很多职场中为人处世的技巧,以及能力运用的方式,去朝着这个目标一步步迈进。事实上,那些赢得老板尊重的人,往往都可以称之为多面手,他们不仅有非凡的工作能力,而且有广泛的人脉、鲜明的个人品牌和口碑,而这一切,需要许多方面的努力和提高才能实现。

首先我们要明白,无论企业中一个员工的能力如何优秀,要想真正得到老板的器重,成为老板的心腹,就必须对老板的行事习惯进行全面了解。明白了老板的兴趣爱好之后,就要看看自己的个性有哪一方面能跟老板最配合,便应向哪一方面发展,这样做的目的是为了使宾主之间的感情和关系得以更进一步的融洽。当然这种做法跟溜须拍马是有本质区别的,配合老板的行事个性有个重要的原则非要谨记不可,那就是不能在完全委屈自己的个性之下进行。换言之,如果老板喜欢游泳,而你极不喜欢这运动的话,千万别强自己所难,因为勉强之下的表现一定不见诚意和自然,反而会造成一些尴尬场面。另外还有很重要的一点就是,老板的企业

165

运作原则如果与自己做人做事的宗旨相违背,那么最好趁早另谋高就,因为不能与老板的思想和原则配合,是绝不会得到器重的,勉强下去,只会自觉委屈,不可能好好发挥自己的能力。

其次就是我们要努力给老板留下良好的印象,如高度敬业、职业素养好、悟性高、能力强、机智、忠诚等,并且要努力保持和老板默契地沟通,在日常工作中通过他的只言片语、思考问题时的背景语言,去了解、理解、洞悉其对当前形势的判断,找准他最亟须解决的关键,以扎实的工作成绩帮助他。

张帆是一家通信行业国企的人事部门经理,前两天他通过中间人推荐了一名外企通信巨头的高级销售总监给企业老板,老板非常重视,亲自跟这名总监谈过几次。出于对大而复杂的环境的多重考虑,老板主要以事业的发展前景来吸引他,没有给职位和薪酬的突破性承诺。老板的说服工作起到了不小的成效,这位外企总监很向往,于是向公司辞职,却受到周围人的强烈反对,他的老板说:"对方只是一个国企,难道发展前景比这里更好吗?我原本还担心你是要去更好的企业,现在不担心了,那里根本不值得你去。"这位销售总监的自尊心颇受打击,又开始犹豫起来。

张帆知道老板很着急,但不好表露,于是决定要做点什么打破这个僵局。接下来的半个月里,张帆时常联络这位外企总监,告诉他自己公司的最新进展,有利的国家政策或消息。他的真诚打动了这位总监,他主动问张帆:"你个人觉得未来能做成吗?你怎么看老板这个人?"张帆向他陈述了自己的真实想法:"谁也不能准确预言未来的结果,但我们公司的背景非同一般,现在投入全部重点力量,一定志在必得。这是个难得的机遇,所有员工天天自愿加班加点,连春节都不休息。老板一步步走到今天,和别人最大的不同是特别有毅力,而且他的运气特别好,凡是他想做的事没有做不成的。所有员工都对他有信心。"

这位外企总监最终下定决心加入。张帆立刻把这个好消息告诉了几天来忐忑不安的老板,老板说:"我看出来了,这个位置你做和别人做,结果大不一样。我昨天已经和人力资源部总经理谈过,提议你做副总经理。"

企业中,"人"事永远是最复杂的,处理"人"事也是最需要技巧的。很多情况下,老板可能不方便把本意直说出来,那你作为下属,就要以自己的角度和语言,替老板去表达,而且还得让各方面都觉得很得体,不能让老板为难或难堪。这样一来,必然会让老板觉得你"急他所急",对你的器重和尊重程度自然会得到极大提升。

最后还有重要的一点就是:要做到在老板提出问题之前,就已经把答案奉上。这样的员工是最深得老板之心的。因为只有这样的人才能真正减轻老板的精神负担,工作交到他手上之后,就可以把这部分压力彻底从大脑中卸载,可以腾出来安排别的事情了。事实上,一个企业中能够做到这一点的人并不多,也可以说,能长期有本事跟老板在反应速度上竞赛,而有本事做到"想老板所想"的,绝对是老板眼中一等的人才。为此,要成为老板的心腹,即使不能每一次都比老板反应得快,但最低限度要有一半的次数不要让他比了下去,所谓"识英雄者是英雄",再厉害的老板都需要有人才在身边,因而也会越发器重和尊重这样的员工。

在职场上,我们还要与各种不同类型的领导相处,最好的方式就是首先从自己做起,做好自己的工作,提升自己的能力,让所有的同事看到你的业绩,看到你的能力和价值;其次,尊重别人,热心帮助别人,并虚心向每一个人学习,甚至包括你的竞争者;最后,要学会以宽容的心去对待身边每一个同事,用感恩的心去对待同事和老板。只要你把工作做好,你就是给老板脸上增光,这样一来,老板对你的好感就增加了。人和人之间一旦有了好感,相互之间的沟通和交流就会更加容易。总之,要先从工作做起,把能力提高了,然后把自己的能力真正运用到帮助老板发展企业上,做到了这一点,必然会让老板越来越尊重你,对你也越来越客气。

5.

建立属于自己的个人品牌

　　21 世纪可以说已经进入了品牌时代,管理学家指出,当今职场也已经体现出品牌时代的特色,一个人在职场中也应尽快建立起属于自己的品牌,从而成为能让老板和同事很快记住的人,比如一提到你,能让人马上想到你许多与众不同的优点和成绩,比如你的业务能力、你为人的亲和力等。当今职场,已经进入了选择充分自由的时代,一个人如果在职场中建立了自己的个人品牌,就会拥有更多选择的机会和更多向上发展的机遇。

　　在企业中,所谓个人品牌就是一个人在特定工作中显示出的独特的、非同一般的价值。它包括一个人的专业能力以及个人素质。以一件普通产品为例,有质量而没有良好的服务,或者反之,都不能在消费市场上形成自己的品牌。个人品牌同样也是如此,要兼顾很多东西,比如个人品牌的稳定性和可靠性。稳定性是指一个人能力的相对稳定,这可以从侧面反映出你的做事态度和个人能力都是有保证的,凭借这些也一定能给企业带来效益;可靠性则是指一个人的美誉度。一个可靠性高的人,可以让企业绝对放心和信任地去使用,放手让他独立工作。在企业里,个人品牌有一个积累和培养的过程,刚进入企业的人,个人没有品牌而言,只有在工作中,依靠自己的努力和特有价值的体现获得认可才能被业界认同。个人品牌一旦形成后,如同商品的品牌效果一样,就具有了一定的品牌价值,先前也许是你去找企业,而现在也许是企业冲着你的品牌找你,这样一来,个人发展的选择机会增加了,个人的品牌价值也随之提高。

　　任何一个企业人,要想建立个人品牌,必须首先进行个人品牌定位,也就是对自我有一个清醒的认识,所谓"自知者明",只有这样才能有效地树立起个人品牌。这种自我认知包括许多方面,比如:我想成为什么类型的员工?我的个人优势在哪里?我的性格适应从事什么岗位的工作?我如何去实现自我的职场价值?要知道不同的人会有不同的职场定位。找出自己在职场存在的独特价值是个人品牌定位的关键步骤。在这一点上,我们可以参考产品品牌定位的方法,即首先要弄清楚:别人认为我最大的长处是什么?我最值得别人关注的个人特点是什么?如何使自己的专业技能和工作风格形成特色,具有不可替代的价值?要想实现这些,首先必须有一技之长。保证自己的工作质量以及优秀的专业技能是个人品牌的核心内容,一个专业能力不强的人要想树立自己的个人品牌是很难的,精湛的专业技能是个人品牌建立的重要因素,只有个人技术专而精,个人品牌才更具备职场价值,才能发展得更好。

此外,要建立个人品牌还必须强调个人的学习能力。因为建立个人品牌是一个长期的过程,即使已经形成了个人品牌,要保持之也必须不断学习新知识、补充新内容,源源不断地补充那些对自己职业有用的东西。我们必须意识到,人与人之间的能力差距,不见得就比奥运会冠亚军之间的差距更大,但事实情况往往是这些细微差距被"个人品牌"效应不断放大。在能力相差不是很大的情况下,很多机会往往会跑到有个人品牌的人那边去。所以我们要学会包装、推销自己。包装就是要成功地展现个人品牌的特色,让别人充分地认识到你的价值。

当然,个人品牌的包装要适度,过分的包装会对个人品牌产生负面影响,它不是让你刻意制造名人效应,而是要以品牌化思维来规划自己的职业生涯。我们不妨看看可口可乐公司是如何将价值极低的碳酸饮料打造成全球最具影响力品牌的:多年以来可口可乐这个产品既没有调整配方也没改善产品口味,他们只是在品牌塑造上做文章,就已经取得了巨大的成功,这也可以从一个侧面体现出品牌效应的重要性。在职场中,打造个人品牌就是要让你告别那种埋头苦干就一定能出头的陈旧想法,抛弃以往只顾提高专业水平却不注重形象、包装与沟通的做法。毕竟,在如今这个高度开放的商业社会,即便是在一个企业内部,你也很难再依靠那些传统的手段与竞争者拉开差距,因为在当今,个人能力方面的差距已经不像竞技场上的选手之间的差距那样可以被量化,如何让自己的个人品牌效应变得更加强大,需要我们认真去思考。

在企业中打造个人品牌并非只注重个人利益,不是自私自利的表现,相反,对于企业而言,这种做法其实也是企业品牌的延续。以品牌策略塑造个人职业品牌将最大限度地激发出个人的创造性,只有这种人才是对企业提升发展帮助最大的人,他们能为公司品牌创造带来更多价值,二者之间的关系是互相促进的,正如良好的公司品牌有助于个人的职业成长,个人品牌的成功同样能为公司带来好处,这其实是一种辩证的互动关系。这一关系可确保个人品牌在一个良性的大环境中成长、发展。

其实,在企业中学会精心打造个人品牌,目的就是要实现自身价值增值。身处职场,如何更好地把自己的职场价值体现出来呢?很多人都在思考这个问题。有的人把个人品牌与公司品牌或者产品品牌紧密结合起来;有的人则通过跳槽、升更高的职位去寻求个人品牌提升的途径;也有些人找更好的机会、积累更多的财富后,树立起创造财富的个人品牌。唐骏就是一个成功的个人品牌经营的典型例子。他在担任微软中国的高层期间,在这个职位上充分建立了自己"高水平的、既懂中国又懂世界的职业经理人"的个人品牌。他利用各种对自身发展有利的条件,和政府有关部门、合作伙伴,尤其是和媒体保持了非常良好的关系,他在工作之余还写文章和上电视做节目,同时利用这两个传媒途径扩大自己的知名度。最终,唐骏凭借在微软任职 10 年所成就的职业素质和个人品牌成功跳槽至盛大,身价也顺理成章一夜之间飙升几个亿,这就是建立个人品牌的收获所在。

当然,每个人的价值观和志向各不相同,我们在建立自身职业品牌的过程中,不可能让所有的人都认可我们的个人品牌形象,然而,无论我们对自己的个人品牌建立有什么设想,都必须记住一点:品牌建设成败的关键在于你与你的品牌受众之间关系的广度和深度。我们需要让我们的品牌最大限度地得到身边同事以及其他人的认同,并且在这个过程中形成我们的为人处世风格,提升自己个人品牌的价值,这也是个人品牌化的本质与关键所在。

6 .

统领全局,却又不喧宾夺主

常言道:职场如战场,企业如领军。在一个企业中,如果你通过自身的努力以及能力体现,已经成为企业中举足轻重的人物,在很多情况下都可以独当一面,替老板排忧解难,那么,你所能够掌控和运作的企业资源也必然会大大增加。到了这个阶段,身为企业的重要人物,必须要考虑的就是另外一个问题了:信任。一般来说,在企业中掌控的资源越多,就意味着老板对你的信任度越高,同时从另外一个角度来说,"手握重兵"的人往往也会被统帅所顾忌。因此,如何既能做到发挥自己的重要作用,又不至于让老板觉得自己被抢了风头,也是一门职场生存的智慧,需要好好去把握。

在企业中一般来说,任何一个领导,无论大小,通常都比较看重两样东西:一是他自己的上司是否信任他;二是他的下属是否对自己有足够的尊重。首先作为领导来说,判断下属对自己是否有足够的尊重,一个很重要的方面就是看下属是否经常向自己请示汇报工作。那些心胸宽广的上司对于下属因为种种原因忽视甚至很少向其汇报工作也许并不十分计较,会出于体谅下属认为也许是工作太忙,没有时间汇报工作,等等。但对于一些心胸狭窄的上司来说,如果出现这样的状况,他就会忍不住在心里做出各种猜测:是不是这些下属不把我放在眼里?是不是这些下属有别的想法了?一旦这种猜测成了他内心的某种认定,他也许就会利用手中的权力来"捍卫"自己的"尊严",而作为下属来说,自己的工作甚至发展前景就会受到不小的影响。

在日常工作中,上司和下属之间的关系往往也并不简单,如何去维护和相处,也是需要学习的。两者之间最容易见到的一种矛盾就是:一方面下属都希望能够在不受干扰的情况下独立完成工作,另一方面上司对下属的工作又总存在不放心的可能性。那么,这其中产生矛盾的主要原因在哪方呢?这就要看下属和上司在工作过程中谁对谁的依赖性更大。一般来说,在企业的日常运作中,上司总处在主导的地位。原因也很简单,他能够决定以及改变下属的工作内容、工作范围,甚至是工作职责。总而言之,在很大的程度上,下属的命运是由上司掌握的。在这种局面下,要解决前面所说的矛盾,通常的情况是下属应适应上司的安排,工作过程中多汇报。

而对于那些资深且能力很强的下属来说,在与上司相处的时候就要首先解决一个心理障碍问题:无论你怎样资深,怎样能力强,你只要是下属,就只能在上司的支持和允许下开展自己的工作,如果没有上司的这种支持和允许,你将无法开展工作,更不要说创出好的业绩了。所以说,下属们应该学会勤于向上司汇报工作,尤其是要做到完成任务时,立即向上司汇报;任务进行到一定程度,要随时向上司汇报;预料工作会拖延时,要及时向上司汇报。只有这样,才能最大限度地得到上司的信任与倚重,从而打开事业成功之门。

在向上司汇报工作的过程中,也需要掌握一定的职场技巧。因为一次成功的工作汇报,能让上司肯定你的成绩,对你的能力更加信任;否则,上司则很可能会否定你的工作与成果,甚至于怀疑你的能力。可见,在企业中学会如何向自己的上司汇报自己的工作是一个很严肃而且很重要的环节。我们必须认识到它的重要性并且充分掌握它,才能让我们在与上司的相处以及工作协作中更加融洽和谐。

在与上司沟通汇报之前,要调整好心理状态,制造融洽气氛。汇报之前,可先拿一些轻松的话题做简单的交流。这无论是出于礼节也好,出于汇报者稳定情绪也好,都是非常有用的一种策略,汇报者也可以利用这段时间去理清汇报的思路脉络,打好腹稿。这些细节看似寻常,却很有用处。此外汇报工作还有重要的一点需要注意,那就是要分清主次,不可"眉毛胡子一把抓",讲到哪儿算到哪儿。通常来说,汇报工作时要首先定下一条主线,即完成工作任务的整体思路和工作中心;然后根据这条主线展开一个面,即分头叙述相关工作的做法措施、关键环节、遇到的问题、处置结果、收到的成效等内容。这样更显得工作细致且有条不紊。

以上谈到的这些技巧,看似繁琐细节,实际上却是在职场中与上司甚至老板相处的重要内容,是每一个职场人必须要重视的。尤其是那些能力超群,已经在企业内部建立起一定威信的骨干员工,更要学习一些这方面的技巧。这样才有助于使自己今后的发展道路更顺畅。此外,除去以上需要注意的这些细节,我们一定要坚持一个职场真理:成绩最有说服力。一个人要想得到晋升,光凭嘴上夸夸其谈远远不够,必须得拿出工作成绩来,把成绩都摆在桌面上,让大家都看见了,才能赢得上司的欣赏和肯定,取得晋升的砝码。

其实在职场中,上司的意图并不是那么复杂,主要是指上司个人下达的指示或者要求下属完成的工作。而在一个大的企业中,一般是指上司或董事会实现目标的过程。这些东西,往往都是通过文字或口头下达命令、批示、决定、交办意见等方式来实现的。这些东西,很多都是需要下属用心去理解、体会的。职场之中,面对自身不同职场角色的变化,要想得到公司的尊重和认可,就要及时调整自己的应对策略,这样才能做"好"人,同时要懂得处理好职场上错综复杂的关系,调整好自己的职场坐标,才能让自己处在一个最适合发展的位置上的。

曾经有人总结过,公司的重要员工在看待自身所处位置以及与老板、领导的相处情况时,要尽可能地保持平常心。首先工作上要高调,高调做事是一种责任,一种气魄,一种精益求精的风格,一种执著追求的精神。所做的哪怕是细小的事、单调的事,也要代表自己的最高水平,体现自己的最好风格,并在做事中提高素质与能力。其次在言辞上要学会低调,讲话要有分寸,不要伤害他人。得意而不要忘形,得意时要少说话,而且态度要更加谦卑,这样才会赢得下属的尊敬与上司的认可。做到了这些,我们才能领略到身处重要位置,既能够统领全局,却又不喧宾夺主的职场生存之道。

7.

努力争取有一天企业为了留住你而绞尽脑汁

　　每一位职场人都希望自己在公司中的地位能够越来越重要，当身为公司一员的我们去留可以给公司带来巨大影响的时候，往往就意味着我们已经实现了自己的梦想。假如有一天你所在的企业老总肯为了留住你而绞尽脑汁，那么就说明你的去留对于这个企业而言已经到了性命攸关的地步了。当然我们每一个人都会希望自己能够通过努力在企业中建立起如此重要的个人地位，那么，我们应该怎样去努力，才能达成这一目标呢？

　　首先我们要明白作为企业而言他们最看重的能力是什么。关于这个问题，我们第一个要提到的就是创新思想。任何一个企业都需要那种具有创新能力的人。比如企业招聘人员在面试中常常会问："在以前的工作中，你有没有做成功过一件其他同事从来没做过或者根本没想过的事情？或者你是否对一些新鲜的事物感兴趣？"这个问题的言下之意其实就是在考察应聘人员潜在的创新能力。"创新工场"的创始人李开复在给中国高校学生的一封信中也曾这样描述："仅仅勤奋好学，在今天已经远远不够了。因为最好的企业需要的人才都是既掌握了丰富的知识，又具备独立思考和解决问题的能力，善于自学和自修，并可以将学到的知识灵活运用于生活和工作实践，时时不忘创新，以创新推动实践，以创新引导实践。只有这样，我们才能不断研发出卓越的产品。"

　　企业最看重的往往是那些具有创新能力的人才，因为在如今，一个企业只有进行了思想上的创新，管理上的创新，技术上的创新后，才有可能继续保持自己的竞争力。并且创新在各行各业都是一个非常值得企业经常提醒自己的一个话题，尤其是对一些高新技术企业，更应该把创新作为最重要的战略步骤。我们不妨看一看美国制造业几十年来在经营策略上

174

的变化,在美国 60 年代规模效益第一;70 年代是价格第一;80 年代质量第一;90 年代市场响应速度第一;而 21 世纪则是技术创新第一。这些都表明,企业中那些具有创新精神的人才,会受到老板的重视和挽留。

　　2012 年 6 月,美国苹果公司宣布在苹果工作长达 13 年之久的硬件工程部门高级副总裁鲍勃·曼斯菲尔德即将退休的消息,但是,仅仅两个月之后,苹果又宣布,曼斯菲尔德将继续留任并且全权负责公司"未来产品"方面的工作,直接向 CEO 蒂姆·库克进行汇报。曼斯菲尔德之所以没能成功"退休",同硬件团队工程师对高层的这一任命决定不满有着极大的关系。当时,在公司宣布将任命另一位人选里奇奥为曼斯菲尔德接班人后,硬件部门员工均质疑里奇奥是否有能力接替曼斯菲尔德,他们认为,里奇奥在之前工作中表现出来的创新能力不足,因此并不适合接任这个职务。因此,在听取了这些工程师的意见以后,库克同曼斯菲尔德进行了一次谈话,并开出了两百万美元月薪的条件让其继续留在苹果为硬件部门提供顾问服务。显然,库克希望留住企业内那些创新型人才的思路是完全正确的。毕竟,苹果之所以能够取得今天的成就同公司所拥有的创新型人才是密不可分的。

　　早在 1999 年,时任另外一家公司工程副总裁的曼斯菲尔德转而加盟苹果。2005 年,曼斯菲尔德开始担任 Mac 硬件工程主管,2010 年又成为 iPhone 及 iPod 硬件开发主管,并在随后 iPad 计划开始时成为了公司硬件工程副总裁。在这些产品的设计研发过程中,曼斯菲尔德表现出了令人赞叹的创新思维,在他的主持下开发出来的一系列产品也都受到了人们的欢迎。在传出曼斯菲尔德将退休的消息后,库克对其离开公司表示了惋惜,他表示:"曼斯菲尔德成功地组织和领导硬件工程和进行创新的能力,多年来为苹果带来许多突破性的产品。对于他的离开,我们很难过。"

　　当然,能够让公司对你苦苦挽留的能力之中,创新思维只是其中之一,除此之外,还有很多卓越的能力都会让公司看到你身上与众不同的价值所在,拥有这些能力的员工,正是每一个企业所要努力去留住的人才。这些能力还包括以下几点:

首先要说到道德品质。一个成熟的企业更多考虑的往往是员工道德品质方面的素质,尤其是诚信意识、奉献精神以及责任感。一些外企在团队面试前都会要求求职者签下保密协议或做出口头承诺,以防止在工作中泄露公司的一些商业机密。在日常工作的过程中更是如此,但尽管如此,还是会有一些毕业生将面试内容以"笔经""面经"等形式公布在网上,给公司的招聘工作带来损失。

此外还有重要的一点就是要有团队意识。如今优秀的企业都很注重团队协作精神,将之视为公司文化价值之一,希望员工能将个人努力与实现团队目标结合起来,成为可信任的团队成员。许多刚走上职场的毕业生,往往满怀抱负,踌躇满志,在团队中常常流露出个人英雄主义。在一些企业常常可以见到这样的员工:在市场上敢拼敢打,是一名虎将,而自恃学历层次高、工作能力强、销售业绩好,在同事和领导面前狂傲不羁,不愿遵守劳动纪律,还经常在公开场合反对领导的意见。而这样的员工业绩再出色,能力再强,最终也会被企业淘汰。

还有就是敬业精神。优秀的企业,尤其是那些已经发展到一定规模的企业非常注重实效、注重结果,因此敬业精神是不可或缺的。有了敬业精神,其他素质就相对容易培养了。一个人要想做到适应当今的职场环境,并且取得让老板都会因之而拼命挽留你的成就,就必须具备明确的工作目标和强烈的责任心,充分发挥自己的责任感优势,带着激情去工作,这样我们才能踏实、有效率地完成自己的本职工作。有了这样的工作态度,我们必然能够为企业创造更大、更多的收益。还有,有良好的态度才有可能塑造一个值得信赖的形象,获得同事、上司及客户的信任。而随着你在企业中的地位越来越重要,对于企业发展的作用越来越重要,相信企业一定会在你想要离开时拼命挽留,因为他们都明白:挽留的不是某一个人,而是企业的未来。

$8.$

价值不是你拥有多少,而是你留下多少

那些最优秀的企业员工,他们对于企业最大的价值在于什么地方?所创造的价值?所达到的地位?所收获的崇拜?都不是。可以说以上这几点其实都是从员工个人所拥有的角度为出发点的,而真正的价值并不在于个人的收获,而在于个人对于整个企业的贡献和影响。那些最优秀的员工,他们对企业最大的贡献往往是他们的影响,从他们的工作态度,到思考问题的方式,以及奋斗过程中的信念,都会在一个企业的文化层面上留下深深的烙印。所以说,一个优秀员工的价值,更多的是体现在一个企业的精神层面上,因为企业文化的传承和发展对于一个企业而言,是最强大的生命力。

那些优秀员工在为一个企业创造大量财富的同时,他们的自身价值也得到了最大限度的发挥;他们的贡献不仅让企业有了更快的发展,而且员工个人素质也有了很大提升。这其实形成了企业内部一种积极向上的良好氛围,这种氛围其实就是一个企业的企业文化,企业文化其实就是如今新时代企业中以人为中心的新的管理思想,以此为指导的企业管理也会更加先进和人性化。企业文化的核心内容是在企业领导和员工中培养并形成共同遵循的目标、信念和行为规范。它最大的目标就是员工素质的提高,从精神的层面上充分发挥员工的积极性和创造性,从而挖掘出每一个员工的潜力。

一个企业内部优秀的企业文化是培养员工、塑造员工,提高企业凝聚力,增强企业活力的关键。企业文化就像上述所说,它蕴含着一种无形的力量,每时每刻都在对企业员工的信念、心理及行为方式等产生着直接的影响和引导作用,对企业的发展也有重大影响。企业文化本身是企业理念、企业制度、企业形象的综合,其具体表现为企业中的每一个人如何去待人、如何去做事。企业文化不单单关乎企业发展,而且也会渗透到企业每一位员工心里去,让他们知道企业文化其实就是日常的企业工作和生活。

那么,那些对于企业有着重大影响力的员工,他们对企业文化的影响会体现在哪些方面呢?首先最根本的一条就是能够影响其他员工遇到问题时的思维模式,从根本上提升员工的能力和效率。被誉为"世界第一CEO"的杰克·韦尔奇在他20年的任期内把通用电气集团带入了辉煌,在企业文化上,韦尔奇则尽力试图改变整个企业的文化氛围与员工的思考模式,其中最重要的一点就是教会员工"做真正该做的事"。他曾经在谈到企业领导的"忙碌"与"闲适"时说:"有人告诉我他一周的工作时间达到90个小时,我会说,你完全弄错了,你不妨写下20件每周让你忙碌90小时的工作,然后仔细审视甄别,你将会发现其中至少有10项工作是没有丝毫意义的,或是完全可以请人代劳的。"

相比之下,有不少企业的员工过于喜欢"形式"了:他们一味地赞美"勤奋"而漠视"效率"、盲目追求"数量"而不问"收益",甚至我们很多部门的工资在考核时都只简单地依据所谓"工作量"来制定。不可否认,"勤奋"对于成功是必要的,但它只有在我们"做正确的事"与"必须亲力亲为"时才有正面意义。我们不妨在"勤奋"之前先问问自己:这件事是必须要做吗?这项工作有没有其他效率更好的统筹安排方法?

那么,在员工抽出时间与精力后我们该干什么呢?韦尔奇的答案是最大限度地激发他们的工作动机。"在企业中,有想法的人就是英雄。作为主管主要的工作是去发掘出一些很棒的想法,并且以最快的速度将他们扩展到企业的每个角落,从而影响到企业的每一个人。"这就是韦尔奇对于企业文化的理解和运用,而作为一个企业的重要人物,也只有明白了这个道理,才能真正给企业留下有价值的企业文化。

荀子云:"木受绳则直,金就砺则利。"这是说环境对事物的影响不可低估,而一个企业之中,企业文化可以说是员工最直接面对的环境。员工对企业文化的理解、领悟和认同,决定了员工在企业中的行为方式与其自身内部文化中的作用。员工的价值观有没有在企业文化的氛围中得到很好的引导、统一和提升,对企业文化和企业运作都会产生很大的影响。员工的形象、精神状态、言行和工作态度都在展示和诠释着企业文化。

因此，衡量一个人对于企业的贡献是否重大，最重要的一点就是要看他是否对于企业文化的建设有巨大的贡献。人的生命有限，职业生涯更有限，而一个企业的生命力则可以无限延续下去。所以，一个人在企业中所取得的所有成就，给企业带来的所有收益，都是暂时性的，只有他对企业文化的影响可以一直延续下去，企业文化可以凝固在企业的生命力之中，对于一代又一代的企业员工产生影响。这才是你对企业留下的最宝贵财富。

一个企业的发展和荣誉离不开所有员工的努力，但是企业对于员工的自身价值和归属感又如何去体现呢？那就是企业文化。事实证明只有优秀的企业文化才能为企业创造更好的发展环境，也只有在良好的环境中才能打造出企业的核心竞争力。企业文化的建立和发展，使企业全体员工有了凝聚力和向心力，有了共同的理想和追求，使每位员工把自己当作一项事业来经营。因此，一个在企业中真正有举足轻重地位的人，必然会在企业文化的层面上做出自己的贡献。就像著名的创新工场创始人李开复说的那样："价值不是你拥有多少，而是你留下多少。"那些真正优秀的企业人才，总会在一个企业身上留下自己的印记和风格，相对于他们给企业带来的发展和收益，这才是他们真正留给企业的宝贵财富。

第八章

不论去留,公司永远都因培养了你而自豪

　　职场生涯的最高境界是什么?那些在企业乃至行业中走在最前端的职场人或经理人,他们对于企业乃至整个行业的意义是什么?在于他们所创造的价值。这里所说的价值不是简单以金钱或是企业行业的规模来衡量的,而是以他们对"职场"这两个字的诠释来衡量的。他们的勤奋、对工作的严谨态度,以及对职业梦想孜孜不倦的追求,都已经成为一面精神旗帜,树立在无数职场人的心中,激励和指引着大家向着更高的职场境界去努力。拥有这种精神的职场人,已经不仅仅是某一个企业的财富,他们是整个行业的财富,他们所在的企业会以他们为荣,离去之后企业依然会以他们为傲,因为他们所创造的价值是永存的。

1.

让老板骄傲地告诉别人，你曾经是他的下属

"劝君不用镌顽石，路上行人口似碑。""口碑"这个词最早出现在宋朝，用于指在众人心目中的形象或者是公众对于某人或某物的评价。关于口碑知名度最高的典故恐怕就是"酒香不怕巷子深"这句话了，由此可见，古人是早已知道和运用口碑营销了。同样，在职场中，口碑营销也是非常重要的，由于职场的一些特性，一个人口碑的好坏将直接影响到个人职业的发展。试想，如果在离职之后仍然能让以前的老板对你夸赞不已，那么，你完全可以说自己的职场生涯是成功的，这份好口碑也将帮你在未来的职场奋斗中走得更稳更快。

关于职场口碑，相信每一个职场人都会有自己的切身体会。比如我们经常会面对的一些问题：为什么别人指名要我？怎样让大家都信赖？这是值得每一个职场人去思考的问题。如果我们在自己的职业生涯中累积多次成功且与众不同的案例，自然可以建立起属于自己的口碑，无论是曾经的同事还是以前的老板，都会对你做出肯定的评价，如此一来，我们的职场前景就成了"卖方市场"，多高身价、要卖给谁可以由我们自己来决定。

要实现这一目标第一要建立起"联想度"。就是在自己所在的领域，以自己卓越的能力去做好每一份工作、完成每一份任务，这个过程中不仅要提高精准度及成功率，也要学会注入一点儿个人风格，让业绩与自己的能力之间产生更大的联想度，这样在遇到同样任务的时候，企业会再次指名让你负责。这样做就是要适时突显自己的兴趣、专长以及做事风格，容易让别人在需要的场合第一个联想到你。

第二就是要试着降低人脉在自己口碑传播中的地位，因为如今这个社会，信息透明度越来越高，职场中靠朋友或朋友的朋友套交情，在现在是越来越没用了。因为职场中终归要拿实力说话，一次实力不行、原形毕露，不仅企业下一次不会再考虑你，甚至会招致口碑受损的严重后果。如今已经进入信息网络时代，哪怕靠着人脉关系把自己描绘得再英明神武，企业也能通过网络等各种信息渠道对你进行更加真实全面的了解。

通常来说，对于职场的了解越透彻，就越能够深刻地体验到职场中口碑比能力更加重要。曾经有一家外企建材公司要找一个执行副总，人事部门经过面试筛选，推荐了一个感觉不错的人选，送到总经理那里，总经理只是看了一下名字，就说这个人不要。人事经理很奇怪，就问为什么。总经理就回答说，我认识这个人的哥哥，也就是他目前所在企业的老总，这个人之所以想尽快跳槽到新的企业，就是因为他本身有很多问题，比如在业务中收受贿赂。作为执行经理，很多公关上的事情都可以理解与原谅，但这一条就是最不能接受的，没有哪个企业会冒这个风险任用他，因为人都有一种习惯性，而这种习惯性是不会改变的。在这家可以收受贿赂，那么他在新的公司就算现在比较守本分，将来也一定会找机会收受贿赂。

与此相反，还有另一个职场故事值得我们去思考。李辉是一家公司的总经理，年初的时候他向另外一个公司的老板推荐了一个员工。这个员工虽然并非是那种在工作上取得卓越成就的员工，但却给李辉留下了非常深刻的印象。这个女孩是公司公关部的，到公司也就半年左右。她的工作能力和态度也挺好，只是看上去过于文静，性格还有些内向，李辉总觉得，这个职位不适合她。果然过了一段时间，女孩就辞职了。交了辞职报告后，女孩把自己的工作详细做了总结，细节上的事项，凡是有涉及的部门和同事，她都一一做了说明，同时也发了邮件，通知到每一个人。然后，又把手头没有进行完的工作尽快完成。一切安排妥当后，向李辉请了假。女孩做事态度如此认真，给李辉留下了非常深刻的印象。临近春节，女孩正式离开了公司。随后，她给李辉发了一封电子邮件，大致是说这半年来工作中的感悟和感受，以及感谢李辉平时对她的照顾，等等，并附上了新的手机号，以便在大家有需要时，可以联系到她。

　　"这样的员工确实非常称职敬业,如果不是公司没有合适的职位,我一定不会让她离开的。"因此,李辉听说朋友公司需要文秘时,便毫不犹豫地将女孩推荐了过去。"有的员工就非常注意自己的行为,他们认真对待自己的职业口碑,无论在哪里做事,无论是在什么岗位,他们都会认真把自己的事情做到最好。这样的员工,即使离职了,也会给我留下好印象,而且我也会因为这样的员工而自豪,推荐到其他朋友的企业中时,也能够给我挣到不少面子。"李辉认为,在职场中,口碑很重要,"也许自己不经意间的认真表现,就能给自己的人生职场带来意想不到的收获。"

　　可见,在职场中,能够让别人对你张口称赞的,并不一定是要做出了非常大的成绩,拥有了非常大的名气,而是一种对工作认真敬业的态度。口碑其实就反映了一个人对于工作的态度,只要有正确的态度,无论到哪里,都会做出不俗的成绩来。因此,我们要像经营自己的人生那样去经营自己的职场口碑,它对于我们个人的职场发展实在是太重要了。首先,当我们应聘新职位时,新公司要做背景调查;哪怕是在前期过五关斩六将表现出色,在最后的背景调查环节,如果因为在前一家公司的职场口碑不好,那么绝好的机会也有可能扼腕痛失。其次,一旦身边有良好的新工作机会,无论是家人、朋友、同事在推荐人选的时候,如果你的职场口碑太差,那么可能所有的人对你都是避之而唯恐不及。

　　那么,我们在职场中如何做好自己的口碑营销呢？首先要记住的一点就是:产品即人品。工作能力有高低,但工作态度不要有问题,做事先做人,讲究基本的为人规则,凡事有底线,不能乱来;其次要虚心好学,不断提升自己的工作技能,使自己担当更多的工作任务;再次还要有一副热心肠,这其实是团队协作精神的一部分,比如热心支持大家伙的工作,帮助新人,没准哪一天,新人会走到更高的位置,给你带来更好的发展机会;最后也是最重要的一点就是要有始有终,俗话说天下没有不散的筵席,铁打的营盘流水的兵,人员流动是再正常不过的事,但是人走了,也没必要跟企业产生过多的矛盾,一定处理好离职前的各种关系。

　　身在职场,虽然难免跳槽,但是大家终究都是圈内的人,不论怎么跳槽,也脱不开这样或者那样的小圈子。一个人的品行、人品怎么样,在一个圈子里终究会有公论,所以,不论你的能力如何,无论你所处的位置如何,都要记住一句话:人过留名,雁过留声。明白了这句话,就会懂得为什么要去经营一个好的职场口碑，如果能够做到让以前的老板都能够骄傲地告诉别人你曾经在他手底下做过事，那么你才可以说你的职场口碑经营得不错，这也会让你今后的路走得更远一些，更容易一些。

2.

让自己由老板的下属变成他的莫逆之交

关于职场成功的秘诀，有这样一句大家都耳熟能详的话："20 岁靠体力，30 岁靠专业，40 岁靠人脉，50 岁靠金钱。"这句话，一方面告诉我们，职场之中人脉对于成功的重要性；另一方面，也暗含另一层意思：只有先努力付出，形成职场优势，才能最终形成稳固的人脉关系。实际上确实如此，人脉是每一位职场人都需要去重视的一个因素。无论是行业范围内，还是企业范围内，好的人脉关系都能够让我们收获更多职场发展道路上的惊喜。那些善于经营人脉关系的人，不管是与竞争对手还是跟自己的下属以及老板，都会保持很好的人际关系，尤其是与老板的相处。有不少人在离职之后会跟以前的企业老板闹翻，但是有另外一些人，他们会与自己的老板成为莫逆之交，无论未来合作与否，都会给双方带来共赢的局面。

下属与老板之间，究竟能不能成为真正的朋友？这不仅是职场中人际关系处理所要面对的问题，同样也是职场人脉积累方面的问题。人们都觉得，任何关系只要掺杂了利益的成分，就会变得不那么纯洁。在职场中，老板和员工有了工作管理这层关系，就不可能再成为零距离的朋友了。从职场地位而言，老板是管理者，员工是执行者，是一种领导和被领导的关系，这种关系本身就存在着等级差别，正是因为这种差别，老板跟员工注定不能待在同一水平线上。只有当老板与员工解除了雇佣关系时,他们之间去除了上下级的工作管理的关系,排除了这种利益关系,员工也无须顾忌自己的言行举止,彼此可以畅所欲言,分享各自的生活感受,此时才能成为真正的朋友。

这种观点虽然看起来有道理,但却具有很强的局限性,因为员工与老板之间的关系,并不是简单的人际相处关系,而是一种合作的关系,无论是在企业内部时的相处,还是在员工离职后与前老板的相处,在整个业界的范围内而言,都可以当作是一种人脉关系的积累去对待。既然是合作,那么最好局面就是双赢,对于职场有一定了解的员工应该明白这个道理,更了解整个行业局面的老板更应该懂得这个道理。因此,员工与老板之间,完全可以相处得更加融洽,不仅可以成为朋友,而且可以成为彼此为对方带来机遇的亲密合作伙伴。在如今这个讲究"共赢"的时代,没有人会拒绝合作,因为合作可以让双方的发展之路都得到拓宽,何乐而不为呢?

对于企业内部而言,有个故事直接形象地描述了职场人际关系的微妙:两只刺猬,由于寒冷而拥在一起取暖。但因为各自身上都长着刺,靠得太近,就会被对方扎到;离得太远,又会冷得受不了。几经折腾,它们终于找到一个合适的距离,不会太痛,也不会太冷。职场里,处理与老板、同事和客户之间的关系,其实就是找到这个" 温暖又不至于被扎"的距离。与老板适当地分享个人生活中的问题,会对建立一种信任感和彼此友好的气氛有所帮助,至少在你因个人问题而暂时影响到工作表现时可以在一定程度上得到老板的理解而不是直接的误解。同时,与上司成为朋友在很多方面会对你的事业发展有很大帮助。他可以在工作上对你的表现提出意见和建议,在你需要的时候为你提供支持。这会让你在工作中保持愉快心情,甚至提高工作效率。总之,在职场里,与同事和老板维持更好的关系会给你的工作带来积极的影响。因为随着友谊的加深,你与老板之间的交流就更加坦诚,对于工作的处理也会更加方便快捷,在这个过程中最需要的就是信任。只要双方都同样珍惜这份友谊,彼此保持信任,那么对工作以及自己的职场发展,都是有很大帮助的。

那么,对于离职之后的老板,我们应该如何去处理关系呢?离职之后的员工是否还能与前老板保持朋友关系?我们不妨先来看一个真实的事例。

当时,微软南方分公司经理赵方得到了美国苹果公司的邀请,打算跳槽去苹果中国公司任总裁,决定之后,他给自己的领导也就是微软中国区总裁唐骏打了个电话,说自己已经决定跳槽,不必再挽留自己了。这时候唐骏马上告诉赵方在广东等着自己,然后马上乘飞机赶回广东。赵方原本以为唐骏匆忙赶回来是为了挽留自己,而事实上唐骏回来之后只是跟他随便吃了一顿饭,聊了聊,就又坐飞机赶回总部开会了,赵方当时是丈二和尚摸不着头脑。直到第二天,他看到媒体上醒目的标题为《唐骏专程回国劝留赵方》的报道,才恍然大悟,原来自己的老板是在帮自己提高身价和知名度。这让他感动不已,之后无论是在个人关系还是在行业合作上,都与唐骏保持着非常好的关系。

唐骏作为赵方的老板,对于自己的这一举动有着自己的想法。他认为,离职并不意味着与自己的老板决裂,而是职业生涯的一种提升,因为我们要经营我们的人生,经营我们的事业,经营我们的职业生涯。我们必须一步步往上走,在这个过程中,任何能够对我们提供帮助的人,都是我们最好的朋友。无论是从老板的角度,还是从跳槽员工的角度,双方的合作终止之后,彼此其实还是对方潜在的人脉资源,而且这个资源由于前期的相处和了解而显得更加稳固,如果把这个资源白白浪费掉,那么无疑是非常可惜的,优秀的职场人是不会犯这个错误的。

与自己的老板成为莫逆之交,其实也是职场发展策略的一部分,它不仅可以对自己的工作带来帮助,在跳槽之后,也可以成为自己新事业发展的推动力。当然这一切都需要职场中的我们用心去经营。如何与老板成为朋友,如何经营与前老板之间的关系,都是一个个职场中的考验,我们会在这样的考验中逐步成长,会对职场的发展有新的理解和体会。与老板保持良好的个人关系,可以作为我们职场人脉的一部分去经营,经营好了,无论对于我们,还是对于老板,都是一种双赢的局面。

3.

善于积累,在不断努力下实现人生飞跃

　　身在职场,无论是身在不同的岗位,还是跳槽到不同的企业,我们都要学会正确看待自己的职场人生。有人说,所有的旅途都是风景,职场同样也如此,每一次经历都是收获。那些最终走向辉煌的人,往往是那些善于积累的人,他们在职场之上无论从事什么职业、什么岗位,都会把它当成是一次收获的过程,因为他们留心,所以无论何时何地他们都能从自己的工作和职场经历中吸取宝贵的经验,并且凭借这些经验的积累,最终让自己在职场道路上走向辉煌,实现人生的飞跃。

　　所谓职场经验,简单地说就是积累职场处理各种问题的经历。职场经验的积累,对每个职场人士来说都是重要且必需的功课。从诸多职业经历中挑选自己需要的、适合的、有利的部分沉淀下来,变成我们的经验。在这个过程中,你最在意什么,它们以何种方式在你的职业发展历程中有多大程度的体现,不同的人会做出不同的判断,也正因为如此,不同职场人所收获的职场经验也各不相同。有的人善于总结和积累,有的人则恰恰相反,这也正是那些职场经历相似、经验却大不相同的人心中疑惑的答案所在,而往往也只有那些善于积累职场经验的人,才能让自己的职场道路变得越来越宽广。

　　有一个叫哈图的犹太人,19世纪末来到我国上海谋生,当时他24岁,年轻力壮,但却没有任何积蓄。他虽然立志要在中国拼出一片天地,但自己一没有人际关系背景,二没有任何专业的技术知识,因此他决心从最低的位置开始努力。因为他长得身材魁梧,所以他很容易地在一家外国银行里找到一份保安的工作。要是换作别人,可能并不会接受这份工作,因为自己相貌堂堂，年轻力壮，去当一个看门人，可能会觉得有失体面。但哈图不这么认为，他认为就算是做保安看门，赚来的钱也是自己辛苦所得的报酬，没有任何丢脸和失身份的地方。另外，他还有更深层次的考虑，中国有句古话叫做"千里之行始于足下"，哈图希望在这份工作上找到个立足点，今后通过自己的努力奋斗，积累经验，积蓄力量，最终找到能赚更多钱的路子。

哈图在当保安时，不仅在日常工作中非常认真，忠于职守，而且在晚间，他利用一切可用的时间阅读各种经济和财务的书籍，学习知识，丰富自己的知识积累。过了一段时间，老板觉得这个年轻人工作出色，脑子灵活，于是就把他调到业务部门当办事员。哈图到了新的工作岗位上，一如既往地敬业和努力，工作业绩不错，后来一步步被提升为行务员、经理等。这时，他的收入比一开始做保安的时候已经大为增加，但心怀壮志的他并没有因此而满足。他通过在不同岗位上工作经验的积累，以及相关知识的学习和掌握，认为自己创业的时机到了。1901年他辞去了自己在银行的工作，自己独立开了一家商行，当时他给自己的这家商行取名为"哈图洋行"。为了能够提高营业额，哈图以经营洋货买卖为主。当时他看到洋货在我国市场上的竞争商品不那么多，消费者在购买的时候难以"货比三家"，因此，他的经营获得了相当可观的利润。短短几年过去，他已经积累了不少财富。

虽然自己的财富和资本已经达到了一定规模，但是哈图并没有放缓自己的最初的追求，他又开始从事土地交易，并且自己也投资建造楼房供出租，从中获取不菲的利润。就这样，他的财富积累越来越多，成为了大富豪。

毫无疑问，哈图是一个善于积累的人，正是这种能力，让他从小职员走向了大富豪。无论是在微不足道的保安职位上，还是在日后积累巨额财富之后，善于积累经验的能力对他的帮助始终都是相通的，那就是不放弃一切积累知识和经验的机会，在不断地努力下最终实现了自己的人生飞跃。

　　如今这个社会高度发达又高度分工,每一个行业都有其存在的价值,每一个不同的岗位也都有它不可替代的作用。工作中的职位可以不分贵贱高低,但人却有着高低不同的职场地位。在职场中,你可以从一无所有开始,从最底层做起,但你一定不能不思进取、甘于平庸,永远都不要给自己找借口,无论什么职业,无论高低,都可以不断学习和积累经验知识。一个人是否能够成功地从目前的工作中脱颖而出成为卓越人才,关键是我们自己的选择,是得过且过,还是追求卓越。

　　一个人要想在职场中发展得更好,就应该学会去积累,无论是经验还是人脉,抑或是资源,都需要一个长期积累的过程。要想做得更好,首先,应尽早确定方向,并向着这个方向努力发展、多做积累;其次,要学会展示自己的能力,从生活的细节中挖掘自身的特质;再次,通过积极的行动去更多地加深对职场的认识,为自己的职场之路打好基础。我们要学会去积累经验,但不局限于经验,这才是职业发展的最高境界。值得注意的是,我们身边也存在少数人,对职业积累的认识是有一定误区的。在他们看来,所有的职场成功都是有背景的,所有的合作都是基于人情的,所有的进步都是斗争得来的……于是他们在职场的时间越久,堆积下来的负面感受就越多,非但没有积累下来对于自己职场发展有帮助的正面能量,相反,情绪的垃圾箱反而越来越满,这样的人必定不会有顺畅的职场道路可走。

　　明确的目标和丰富的经验积累都是推你前行的动力。如果不满足于现在的生活,你就会懂得利用自我的积累去打开通往另外一片天地的大门。职场经验的积累,对于每个职场人士来说都是重要且必需的功课。怎样从浩如烟海的信息中提炼、概括可以利用的经验,并且运用它们妥善地解决自己遇到的问题,是我们职业经验积累过程中最重要的环节。面对同样的信息,每个人所学习及得到的经验却有可能差别很大,而这既是职业态度的差异,更是能力的体现。常言道:心有多大,舞台就有多宽广。我们目前的职位可以不高,但在积累职场经验上不能有丝毫的松懈。只有在远大目标的指引下,脚踏实地地工作并且积累每一份工作中获取的经验,把它运用到自己日后的职场中,才有可能打破常规思维的限制,在职场中做出一番成绩。

4.

经验和资源的积累,让你成为业内焦点

成为业内焦点,是每一位职场人共同的梦想,那意味着一个人的职场口碑已经得到了整个行业的认可,在这种情况下,无论是自身所积累的经验,还是可以去调动利用的业内资源,都已经达到了一个相当的高度。成为业内焦点之后,一个人的职场生涯已经超越了某一个或者某几个企业的范畴,并且与整个行业的发展走向紧紧联系在一起。在这样的职场高度上,无论是知名度,还是职场道路的开阔性,甚至是影响整个行业的发展走向,都会步入一个稳定上升的阶段,这也是职场人士平日里提升能力以及打拼口碑的远大目标所在。

每一个职场人,要想在职场中有所建树,甚至在整个行业产生自己的影响,没有什么捷径,只能通过自身脚踏实地的努力工作去实现。首先自己作为普通的员工,要做好自己职场分内的事,要围绕着公司的目标有效规划自己的工作,与同事精诚合作、互相提供支持,共同为公司的最终目标做出自己的贡献。简而言之,就是要树立一个正确的职业态度,围绕本职工作学习成长,不断提升自己,逐步成为公司的主力,并有机会晋升到经理人,在一个更大格局层面提升自我。许多人在刚刚进入职场的时候,都会比较迷茫,不知道该从哪里入手,更不知道该怎么看待自己的职业和工作。因此,初入职场的朋友,更要脚踏实地、正确认识工作及工作中的人和事,慢慢形成自己的观点,这是我们向行业焦点的目标前行的第一步。

第二步就是要拓宽自己的知识面,不要把努力方向仅限于自己的专业领域,就像我们在大学时选修的第二专业。因为步入社会之后我们就会发现,现在社会是个多元化的社会,在学校学习的专业相对比较狭窄,在社会上的适用性不强,即便大学的专业和工作非常对口,到了企业也要做很大的适应性调整。例如,很多大学成绩很好的财会专业的学生到了公司连基础的做账都找不到头绪,这是非常正常的。每个人都会面临就业后的再学习的过程。这里的第二专业只是一个形象的说法,可能有人不需要做很大的转变,有的人还可以通过丰富以及完善自己的知识成为一个"职场多面手"。

到了第三个阶段,无论是专业知识还是相关的职场知识都已经步入正轨,这个时候需要我们学会去拓展人脉,积累职场经验。现代职场,每个岗位每个人都不是相互孤立的,每个人都或多或少地和其他人发生着联系。如何正确认识这种互相依存的关系并加以拓展,积累自己的人脉资源,以便更好地开展工作,提升自我,是每个职场中人都要认真思考的问题。在这个阶段,可能有许多人已经在职业领域有所建树,比如步入管理层,这个时候更需要我们从基础做起。职场中的每个人都会得到晋升,有些人走了技术路线,成为技术专家,另外一些人则走上管理路线。无论是成为技术专家,还是成为一个部门领导甚至高级管理者,如何正确认识自己的角色,如何适应这个角色,都是我们需要去面对和思考的问题。在这个阶段,同事们都会暗中注意你的一举一动,考察你的一言一行。这时他们似乎显得格外挑剔,好像非要找出毛病他们心里才能平衡,这都是很正常的,因为地位的高低也决定了一个人责任的大小,要想在职场中更好地成长,就要学会去承担更大的责任。

而最后一个阶段,就要开始规划职业生涯,提升自我到更高的层次。每个人都有寻求自我价值实现的愿望,没有人喜欢被扔在角落里不管,人们都想着自己要在企业中表现得更好,并且在做事的同时不断提升自我,最终在整个行业有所建树,成为行业焦点。所以,每个人在职场中,都要对自己未来的职业发展做一个规划,哪怕非常简单、非常模糊的规划,都会对你未来的发展有不可磨灭的影响。很多时候,人们会问你,你对自己的未来是怎么规划的? 其实,别人并不是想知道你的具体规划是什么,而是想通过你的回答了解你是不是一个在行业中思路清晰、有明确职业追求的人。如果是,那么不仅企业会给你提供更多的发展机会,甚至整个行业都会为你敞开成功的大门。

　　　　孟乔波最初在湖南益阳的一个小镇卖茶,一毛钱一杯。因为她的茶杯比别人大一号,物美价廉,所以卖得最快。那时,她总是快乐地忙碌着,虽然只是一个小小的茶摊,但是她眼中看到的,不是这个小茶摊未来会变成什么样子,而是整个茶行业未来的走向。她默默地朝着这份理想努力着。三年后,她把卖茶的摊点搬到了益阳市,又过了三年,她到了省城长沙,摊点也变成了小店面。客人进门后,必能品尝到热乎乎的香茶,在尽情享用后,他们或多或少会掏钱再拎上一两袋茶叶。为了提高客流量,凡是进店的客人,她必定送上免费品尝的茶水。好口碑让她的茶店生意越来越红火,但是在孟乔波心里,这还不是她最终的理想。七年后,她的最大梦想实现了。"在本来习惯于喝咖啡的国度里,也有洋溢着茶叶清香的茶庄出现,那就是我开的。"说这句话时,她已经把茶庄开到了新加坡。从湖南家乡的小镇,到新加坡的街头,孟乔波始终坚持着自己的理想,靠自己对于理想的执著和对于茶行业的把握,最终成为整个茶行业的焦点人物。

正是孟乔波对于自己的事业以及茶行业这份远大理想的执著,指引着她十几年来把自己的企业从小做到大,同时也把自己的企业梦想从小做到大,这种执著是我们每一个职场人都需要的。也许我们眼下在职场中的位置还微不足道,但这并不妨碍我们把眼光放在整个行业。我们需要不断积累自己的经验,丰富自己的资源,比如要经常提出新观点、新见解,要不断学习、紧紧跟住行业潮流,还要主动创造潮流,始终让自己处在行业的前列,时刻让自己走在别人前头。这样才会引起行业企业的关注。此外,与同行交流,多参加行业协会、行业媒体举办的峰会、论坛,参加行业人士举办的酒会、聚会等,都是我们了解和把握整个行业的好机会,把握了这些机会,我们就能拥有越来越多的行业资源,并且最终成为业内焦点,从而影响整个行业的发展走向。

5.

让公司可以借着你的名字炒作自己

在如今这个媒体时代,借着企业的名头炒作自己的人可谓大有人在,人们也都已经司空见惯。而还有另外一些人,他们自身所取得的成就,已经对整个行业产生了巨大的影响力,他们的知名度以及媒体关注度甚至超越了任何一个企业的名头。这样的人已经不再是一个简单的职场明星,而是整个行业所关注的人物。很多时候,业内的企业甚至会借这些人的知名度和媒体关注度进行炒作,从而提升自身企业的知名度。一个人的职场生涯发展到了这个阶段,可以说几乎已经抵达了顶点,这是每一个职场人所梦寐以求的。

普通人可能很难想象到,一个企业员工在从一个企业跳槽到另外一个企业的时候,新老东家居然要联手举办一场盛大的迎接和欢送仪式,这样戏剧性的一幕却在 2004 年 2 月出现在了离职的微软中国区总裁唐骏身上。从名不见经传的小职员,到众人瞩目的打工皇帝,唐骏可以说是一位不折不扣的职场明星。唐骏在盛大上任当天,微软全球副总裁陈永正以及盛大董事长陈天桥共同出席仪式,为唐骏隆重举办了一场热热闹闹的"跳槽仪式"。这样的待遇,在国内经理人圈是绝对没有先例的。对于这件事情,也有不少业内人士发表看法:其实就是一场炒作,拿唐骏本身的知名度来一场跳槽秀,不管是对于老东家,还是新公司,都是双赢的局面,这才是他们的目的所在。

那么,唐骏究竟有着怎样的行业价值,值得两个如此有实力的公司借他的名字去炒作?这要从唐骏的经历说起。20 世纪 90 年代初,唐骏在日本攻读完研究生课程后,来到美国攻读计算机专业博士,并于 1994 年加入了美国微软公司。刚开始他只是做普通的软件开发员,当时微软里像唐骏这样的小工程师成千上万,而唐骏之所以最终能够脱颖而出,是因为他打破了常规的思维模式。当时微软正在加紧开发 Windows 操作系统，通常的流程是先设计好英文版，然后由人数众多的软件开发小组开发成其他语言版本。唐骏觉得这种方式效率非常低，就试着开发了一种新的程序，这种程序的工作模式可以让参与的开发人员数量大大降低，效率提高了不少，设计成功后他向高层管理人员展示了自己的成果并建议换用这种开发模式。公司采纳了这一成果，让原本三百多人的程序开发团队精简到了五十人，运行成本大大降低。唐骏本人也在加盟微软仅仅一年半之后，由一个普通的软件开发工程师升职成为部门经理。1997 年，时任微软总部 Windows NT 开发部门高级经理的唐骏回到上海组建微软大中国区技术支持中心；2001 年，因工作出色，上海微软大中国区技术支持中心先后升级为亚洲区支持中心、全球支持中心，唐骏不仅担任全球支持中心总裁，并兼任微软合资公司——上海微创公司总裁等职务；2002年，唐骏出任微软中国区总裁；2004 年，唐骏以微软中国荣誉总裁身份从微软辞职，出任盛大网络公司总裁。

看到这一串耀眼的经历，想必我们都会明白，为什么他的跳槽可以得到如此的待遇和炒作。唐骏在微软有着卓越的成绩，从一名技术员做起，仅仅用了七年，就升迁至了微软中国区总裁。他所开创的中国业绩可以说是非常的成功，这也直接使他获得了荣誉总裁的殊荣。也正是因为如此，他的个人媒体关注度才会如此之高。那么，对于一个抵达如此高度的职场人来说，他是如何实现自己的辉煌的？又应该如何去规划自己接下来的职场生涯呢？

我们先来看看唐骏给出的答案，简单得不能再简单，那就是"勤奋"二字。有句话是这样说的：幸福的人总是相同的，不幸的人各有各的不幸。在职场中，我们也可以套用一下这个句子：失败的原因多种多样，但成功的经验总是相似的。每一位职场人士，无论是在生活上还是在工作上，都要学会把复杂的事情变得简单一点儿；我们无论在什么岗位上，工作的时候都要牢记：勤奋永远是一个职场制胜的法宝——在任何一个企业、任何一个位置，只要你勤奋了，哪怕只比别人勤奋那么一点点，你也一定会超前别人很多。即便你已经成为了受人瞩目的职场明星，一样不能忘记"勤奋"这一职场法则，这两个字就像具有神奇的魔力，无论是初入职场的小职员，还是已经成为耀眼明星的职场高手，都要依靠它的力量去实现自己的梦想。

　　此外，一旦在职场中具备了一定的知名度，我们就要把这种知名度当成是一种财富来对待。就如同那些企业可以借助职场明星的媒体关注度来炒作自己一样，我们自身也要学会去运用和经营这份财富。这不仅包括丰富的市场资源、相关从业经验以及与市场挂钩的各类投资项目，还包括职场口碑这样的附加价值，职场口碑从一个职业人进入职场之初就开始建立，然后在发展历程中不断成长。个人越发展，它的影响力也越发强大，各类人脉资源的增加也对职业口碑的增值带来促进。职业忠诚度、职业道德与精神、人脉资源等方面的情况，会在很大程度上影响一位职业经理人的职业发展前景。重视了这些，即使你换了工作，你丰富的经验和市场资源，也会使新东家对你刮目相看，它是保证你职场身价升级的重要因素。

　　最后还要强调的一点就是：职场明星参与炒作做秀等活动要尽量少而精，因为一个企业的发展需要经营，炒作宣传在企业经营的时候是做市场、做品牌，这是经营品牌。同样道理，我们在职场中打拼积累自己的知名度时，也需要经营我们的职业生涯，也要经营我们的人生。有不少人忽略了这一点，导致自己的职场生涯走了不少弯路。我们一定要明白：做人做事和经营人生还是不同的阶段，所以我们一定要学会去经营自己的人生，经营自己的职业生涯。成为万众瞩目、可以让企业借自己来炒作的职场明星之后，我们更需要去经营自己的这份职场财富，利用它尽可能多地为自己的职业生涯加分。

6.

留是企业的人才，去仍旧是企业的骄傲

　　一个在职场打拼中达到一定高度的人，对整个行业都会有更深刻的

理解，他们是以整个行业的较高要求和自己的职场生涯规划为奋斗标准的。所谓在其位谋其事，他们会重视自己的每一个职位，要做就做到最好，这样的人通常也最受企业的欢迎和认可。留是企业的人才，就算跳槽离职，企业也会以他们为骄傲，因为他们到了新的岗位之后，极高的专业能力以及职场素质同样会赢得新企业以及同事的尊重，这其实也是对之前所在企业的一种肯定，他之前的同事可以自豪地说："看，这个成就卓著的人是从我们企业走出去的。"在企业中做到优秀不容易，走出企业后仍然能够成为企业的骄傲更难，我们应该如何去做到这一点呢？

　　我们离开原先的公司而跳槽，原因可能会有很多，但是目的却只有一个，那就是向着更好的职场位置努力。在这个过程中，我们要认识到在现代这个竞争激烈的职场里，拥有丰富的人力资源有助于你的职场事业运转自如，所以每当我们跳槽时，首先要有保护自己人力资源的意识，从过去的职场生涯里淘出属于你的"金子"来，这样的话，你过去的时光就没有白白浪费，你即使是空着双手走出原来公司的大门，但你已经带走了一份很有价值的财富，这份财富会对你日后的职场发展提供很大的帮助。

　　那么，这份财富都有哪些内容呢？首先从人脉的角度来说，不少人都以为跳槽后，就可以与原单位道声"再见"，一走了之，从此之后就不再有任何关系了，这样做看似洒脱，其实你已经无意之中丢失了许多让你今后受益的资源。因为你在一个单位工作过一段时间，也许取得的成就有限，收获也有限，但不要忽略了那些曾经朝夕相处的同事，他们说不定在以后会对你的职场生涯有所帮助，你不妨把他们看作你的人脉资源库。所以在你跳槽高就时，首先要考虑的一点，就是不要丢弃曾经的人脉财富。

　　其次就是宝贵的职场经验。跳槽之后，你在新的单位里翻开了自己职场生涯的新的一页，与比你早到的同事相比，无疑你是处于零的起点上，这是不是就意味着一切从头做起呢？答案是否定的，因为我们以往的一切付出都有它们的价值，我们可以把这个起点弄得比其他人高，而以往的经验可以为你提供这种可能，因为不论你过去从事的工作与现在有什么不同，但在为人处世、把握自己等许多方面都可以总结出有价值的东西。

　　我们一定要记住，在跳槽时不要抛弃过去的一切，好好地总结经验，把过去的经历当作一面镜子反省一下自己，然后校正自己的不妥的行为，经营自己的长处，这是你从过去工作中积淀下来的"金子"，有助于你跳到一个新单位后有个高的起点，那么，你的跳槽转职更易取得成功。做到了这些，你就会发现，无论是曾经的职位还是跳槽后的公司，都是我们得以发展的动力所在。无论我们去也好留也好，我们都能做到让自己满意，让公司满意。

当然，在职时让自己的公司满意，相对要简单一些，因为只需要自己尽力而为就行了。而在离职之后，仍然能够让公司对自己保持很高的评价，就不是那么简单的事情了。在我们离职的时候，仍然需要与相关人士都保持积极的关系。因为跳槽之后给自己留下一个好的"身后名声"，不仅有利于新公司了解自己时获得比较正面的信息，还能够让我们保持原来公司的人脉资源，有利于我们职场的发展。

关于离职时如何处理与原来公司和员工的关系，我们不妨回想一下，你第一天来上班是什么样子？大部分同事都会欢迎你的到来，向你介绍同事，在工作上支持帮助你。这时候因为你的到来，办公室里的环境中弥漫了兴奋、积极的气氛，而到了我们跳槽离去的那一天，虽然要离开这个环境了，但有一个方法可以保持这种积极的气氛，这个方法能够拓宽你的后路，而不是毁掉它。首先尽可能多地给出通知是很重要的。因为公司要考虑其他人的假期安排，工作量分布。要想清楚哪些事情是必须做完的，做一份工作移交计划。你的雇主会欣赏你的慎重。毕竟，你比别人都更清楚自己的工作，雇主会感激你推荐人才补上你的工作空缺，会感激你提出移交工作方面的建议。

此外，虽然你的离职有一定的原因，但是在移交工作时一定要将重点放在工作的积极面。感谢曾经的公司和同事，感谢那些曾经指导和帮助过你的人，因为他们给你带来了成长。在与同事的工作交接上，设定一个期限是很重要的。不要拒绝你的同事为你举办送别会，或者在临走之前和他们一起吃顿饭。要学会花时间去感谢那些在你任职期间帮助过你、支持过你的人，让他们知道你离职后的联系方式。同时也要与那个接替你工作的人充分沟通。将你的工作情况、跟进项目列在一张清单上面，表明接下来有什么工作情况要跟进，并建议整理好一份移交计划。将你在公司内部重要的人际关系网介绍给接替你工作的人。这样可以最大限度地帮助继任者开展接下来的工作，不至于让公司因为你的离开而受到太大影响。

　　做到了这一切，相信所有的人都会看到你的努力，看到你对曾经的同事以及公司负责的工作态度，这一点无疑会为你赢得更多称赞。你不仅是一个在职时让公司和同事赞扬的人，在你离开公司奔赴新的工作岗位之后，他们仍然会对你心存敬佩，因为你的能力和态度为所有的同事做出了表率，无论你在，还是不在，你都已经成为企业的一种财富，为你和企业带来了双赢局面，这一切，足以让公司以你为骄傲。

7.

提升自己，成为高端职场人士

　　相信每一个身处职场的人都渴望能够不断提升自己的层次，成为高端职场人士，开启自己职场前景的康庄大道。然而如何去做到这一点呢？无论是在一个企业中的成长，还是在不同企业之间的跳槽，对我们而言都是一种经历和成长，只要我们用心去做，用心去经营，必然会有自己的收获。每个职场人都会经历自己不同阶段的成长，无论我们处于哪个阶段，都要记住一个道理：用心才能有收获。无论职位高低，只要我们能够用心去经营，我们的职场生涯就必然会迎来辉煌的一天，成为高端职场人士，在整个行业中拥有自己的地位，不再是遥不可及的梦想。

　　身处职场，想要让自己的能力有本质上的提升，首先要学会找准自我定位，学会承受和忍耐，在平时的工作生活中学会察言观色，少说多做，学会独立思考，独立行事，努力适应社会，适应职场环境。不要"这山望着那山高""身在曹营心在汉"，在一个岗位上要做就做到最好，即便是跳槽，也要消除攀比心理，放弃计较个人得失，全身心投入新的工作岗位。要知道，任何回报都需要自己付出辛勤的汗水和努力的劳动。很多时候不要过于看重个人得失,而是要抓住机会提升自我。只有明确职场定位,才能在职业生涯发展过程中少走弯路。如今的职场,人才竞争激烈,很多机会都是转瞬即逝,找准定位,才能依据自己的目标,抓住发展中的每一个机会,接受职场选择,不断提高自身的职场竞争力,从而在职场发展中实现不断提升自我的目的。即使有时候我们在短期内没有过多的收益,也能够在自己长期的职场生涯中实现长线投资,最终获得丰盛的回报。

在职场中,能力是每一个人都特别关注的问题。通常来说,一个人能不能胜任工作,取决于他(她)的"能力"。而这个"能力"并不仅仅指某一方面,而是多方面能力的综合体现。除了自身的专业技能,还应该具备一些其他方面的能力,如持续学习的能力、解决问题的能力、人际交往能力、生存能力、时间管理能力、情绪控制能力,等等。这些能力都是无法通过理论上的学习去掌握的,而需要我们在职场工作的实践中不断去完善。踏上工作岗位后,各种各样的问题会随之而至,往往让我们手忙脚乱,应接不暇。但也就是在这个过程中,我们实现了各方面能力的提高。自身的综合能力提高了,在激烈的职场竞争中也就能立于不败之地。

具体来说,自身能力的提高,根据职场成长的不同阶段,也分为不同的境界。第一层境界是基础员工层面,这个阶段倾向于技术和知识层面,处于这个阶段的我们做事达到三个指标就够了:第一个用心;第二个专心;第三个学会分享。这个层面没有什么高深的技巧,主要就是用心、专心、开放和分享,这其实是一个积累实践经验的最优化过程。专心和分享,二者缺一不可,只有同时做到这两点,我们才能既把事情做好,又能收获到丰富的职场经验。

第二层境界是管理层面,大体来说需要我们注重以下几个方面的能力培养:首先是要培养大局意识,这是考核一个管理者优秀程度的条件,但前提是这个管理者一定要会做事。优秀管理者一定要有大局意识,不能是一个自私的人。其次是要有足够的自我了解,一般随着年龄的增长,每个人的自我认知和自我管理能力都在上升。作为管理者一定要有自知之明,知道自己的水平能力以及角色定位,然后才能够进行自我管理,知道哪些事情不能做,哪些话不能说,最后还要学会企业内部的沟通,因为管理要跟方方面面的人打交道,还要对外进行交往,这是做管理者的必备要素。这就是第一境界与第二境界的差距所在,专心做事的人不必考虑这些事，所以他们也看不到管理者考核自己的指标。因此，很多企业中处于第一境界的普通员工平时看不懂管理者，以为管理者天天在踢皮球，事实上他是在沟通协调内部的员工关系。

第三层境界就到了领导层面。在企业中作为一个好领导，一定要具备一个好的素质。身处领导的特殊地位，当他做成一件事情的时候，会赢得别人的尊重，这就是一个好领导。而同样做成一件事情的普通员工则有可能还会引得周围人的嫉妒。一个好领导必须具备的一点就是要赢得别人的尊重。作为领导，他首先会知道做成一件事情是不容易的，他需要上上下下的人员去配合，需要千万个成功的条件组合在一起，每一个条件都不可或缺。当每一个要素都具备了，这个事情才能做成。当然作为领导者也要具备谦虚的态度，使大家都愿意配合自己。谦虚可以凝聚员工的力量，也能把反对者变成支持者。这也是做领导一个必备的条件。

了解了这三层境界，你就会对职场有全新的理解。只要能够按照这三层境界的顺序去锻炼自己的能力，积累经验，就一定能够走到自己职业的顶点。不过凡事都要循序渐进，就个人发展而言，还是应该稳扎稳打：首先要了解自己的长处和劣势，明确职业定位；然后为自己设计一个职场发展蓝图，分别制订出短期、中期、长期发展计划，然后按照这个计划从知识、技能、人际关系等方面提升自己。总之，这几个方面的能力越强大，你在职场中就越值钱。无论是在企业内部的晋升，还是跳槽时对行业内其他企业的选择，这都会增加你自身的砝码。

职场中每个人的能力提升达到一定层次后，都会为自己寻找升值的机会。跳槽是钥匙，但我们一定要明白，它不是万能钥匙。企业内部的晋升和提拔同样也能实现自身升值的目的。一个人职业身价有多高，不一定非要拿到市场上去衡量。如果努力的方法得当、职业定位清晰，那么在经营自己的职业生涯时不需要太大变动，也可以拥有更高的职业价值。换言之，有时候跳槽可以让我们获得职业价值的提升，身价倍增。但除此之外，在公司内部寻求晋升，提高公司对你的预期价值，也能令身价大涨。因此，不管是跳槽还是晋升，我们无须去纠结，最重要的是要提升自身的职场价值，利用自我修炼达到"升值"的目的，只要我们通过努力，增强自己的职场综合能力，成为高端职场人士，就能够在职场中形成核心竞争力，不断抵达职业生涯的新高度。

8.

你已不在江湖，江湖中却有你的传说

　　对于那些能够决定一个企业走向的灵魂人物，他们的职场生涯顶点究竟在哪里？功成身退，像比尔·盖茨那样另寻他业？还是像台塑集团掌门人王永庆一样忘我工作到最后一刻？这无疑是一个令许多人沉思的问题。一个职场人最大的梦想就是实现自身价值的最大化，为了这个目标，有的人为一个企业鞠躬尽瘁，有的人频繁跳槽去寻找更适合自己的发展平台，这表面看起来完全不同的行为却有着共同的目标：价值。那么，一个人对于企业以及行业的价值究竟在哪里？得到认可最多的答案只有一个：影响力。任何一个人的职场生涯都是有限的，只有影响力可以长久地传承下去，如果一个人已经不在企业，而他的名字却可以长久影响每一位企业员工，那么我们完全可以说，他已经实现了自身价值的最大化。

　　一个职场人，在充分提升了自身的能力，为企业的发展壮大做出了卓越贡献之后，他接下来的职场道路应该如何去走？一个人的职场生命其实很短，而对于企业而言，仅限于一个人的职场生命的话，就显得目光不够长远了，一个已经能够决定企业走向的职场人，他的眼光也应该更加长远，甚至不仅仅局限在一个企业身上，要放宽到整个行业。这是许多企业的灵魂人物到企业发展的后期都要去思索的内容。如何延续自己的影响力，甚至做到在自己离去之后，这份影响力依然能够长久地支持企业的发展，并且影响行业的发展方向，是那些职场顶尖人物做梦都在寻找答案的一个问题。

　　关于这个问题，我们可以看到，有许多企业的灵魂人物可以在短期内领导企业出色地完成业绩取得成功，但却无法保持长久的绩效，所以在评估企业领导者行为时，必须考虑对被影响者的作用是否长久。领导者需要完成工作，但同时也需要建立一种可持续发展的企业环境。一个优秀的领导者应根据公司发展的不同阶段、不同规模、不同管理对象,去随时调整自己的职场发展方向;同时,还要完善组织的管理结构和用人机制,通过最优化的竞争机制选拔合适人才,适时实现权力交接,从而保持企业最旺盛的生命力,为未来的长久发展打下坚实基础。

曾经有位叫作爱迪思的管理学家说过:"对于企业而言确实存在一种方法,能够使商业组织有可能达到并永远保持巅峰状态。"而日本的管理之神松下幸之助说过:"当我拥有 100 名员工的时候,我需要站在所有员工最前面指挥部署;当我的员工增加到 1 000 人时,我需要站在员工的中间,恳求每一位员工鼎力相助;而当我的员工达到万人时,我只需要站在所有员工的身后,心存感激即可。"这其实代表了他对于企业发展以及领导方式如何去匹配的思考,在他看来,"站在所有员工的身后"是延续自己影响力并且有利于企业发展的最好做法。

这样的问题也曾经出现在中国联想创始人柳传志身上。柳传志在回忆创业艰难时认为,有三件事情最为不易:第一是如何去跟环境磨合,第二是如何维护同事之间的同心协力,第三就是如何去长久维持自己对于企业的影响力。在最后这个问题上,身体的状况直接影响柳传志做出正确的战略选择。2004 年前后,柳传志本身的一些问题导致了他对于企业的影响力有所下降,最直接的后果就是导致联想在发展道路上的犹豫不决,在没有想清楚是多样化还是国际化的情况下,联想几乎同时推行了这两种最复杂的战略,导致在之后的很长一段时间内企业发展受到很大影响。

相反,另外一位传奇人物则用实际行动去面对这一问题。苹果公司的乔布斯是一个近乎偏执的商业天才,他对于苹果最大的贡献和影响力就在于他的创新精神,同时他个人英雄主义的自信需要下属对他近乎信徒般的服从。乔布斯崇尚的佛教有个说法叫"初心",就是要保持初学者之心,用初学者的眼光去看待问题。乔布斯正是依靠创新精神带领企业走向辉煌的。然而接下来,乔布斯自身的种种问题让他开始思考如何保持苹果这种创新能力的可持续性。对于苹果乃至整个科技界而言,乔布斯都已经成为了一面旗帜,乔布斯意识到,自己可能在将来会倒下,而这面创新的旗帜却不能倒下。为了实现这一目标,乔布斯始终告诫自己的员工要对世界充满好奇和惊喜,一旦学会以这样的心态观察事物,你就可以跳出固有印象给头脑带来的禁锢,并且充分扩展你的思维方向,不断产生新鲜的想法。每次公司有新产品面世的时候,乔布斯总会像一个充满好奇心的孩子一样,带着许多疑问去观察这件产品,问出许多为什么。同时,为了让自己的企业保持创新能力,乔布斯组建了由 16 个"疯子"组成的创新团队,这些人平时居住在全球各地,每周他们都会聚在一起,花很长时间围着餐桌展开一场头脑风暴,苹果公司有相当一批畅销全球的消费电子产品都诞生于这一流程。

乔布斯正是运用这些手段,让创新的传统在苹果公司得以传承,他对于苹果公司乃至整个行业而言,已经实现了影响力的延续。前不久,就在乔布斯去世一周年之际,苹果公司接连发布了包括手机和平板电脑在内的多款产品,依旧在科技创新上引领着整个行业的潮流。乔布斯延续影响力的梦想已经实现了,靠的就是他建立的那套保持企业创新的思维模式和制度。

对于那些苹果公司的员工而言,"你已不在江湖,江湖却有你的传说"这句话是对他们伟大的"乔帮主"最贴切的形容了。对于已经离开的乔布斯来说,他的人生价值在于为自己的企业乃至整个行业留下了"创新"这面旗帜,影响着无数后来人为之努力奋斗。他的生命有限,在苹果公司工作的时间也有限,但是他对于后来人的影响,却已经突破了时间和生命的限制,对于每一位职场人来说,这难道不是职业生涯的最高境界吗?